乡村人才振兴·农民科学素质丛书

乡村振兴政策与法律法规手册

主编　朱永梅　周宏辉　李小轩

内蒙古科学技术出版社

图书在版编目（CIP）数据

乡村振兴政策与法律法规手册 / 朱永梅，周宏辉，李小轩主编．— 赤峰：内蒙古科学技术出版社，2023.12
（乡村人才振兴·农民科学素质丛书）
ISBN 978-7-5380-3500-1

Ⅰ．①乡… Ⅱ．①朱… ②周… ③李… Ⅲ．①农村-社会主义建设-政策-中国-手册②农村-社会主义建设-法律-中国-手册 Ⅳ．① F320.3-62 ② D922.4-62

中国国家版本馆 CIP 数据核字（2023）第 244591 号

乡村振兴政策与法律法规手册

主　　编：朱永梅　周宏辉　李小轩
责任编辑：马洪利
封面设计：光　旭
出版发行：内蒙古科学技术出版社
地　　址：赤峰市红山区哈达街南一段4号
网　　址：www.nm-kj.cn
邮购电话：0476-5888970
印　　刷：涿州汇美亿浓印刷有限公司
字　　数：156千
开　　本：710mm×1000mm　1/16
印　　张：8
版　　次：2023年12月第1版
印　　次：2023年12月第1次印刷
书　　号：ISBN 978-7-5380-3500-1
定　　价：32.50元

《乡村振兴政策与法律法规手册》

编 委 会

前 言

PREFACE

农业是国民经济基础产业，国家一直高度重视农业的发展。为了调整农业经济关系，保护农民利益，保障农业持续、稳定、协调发展，国家制定了相应的农业政策和法律法规。

本书共八章，从农业政策与法律法规、中华人民共和国乡村振兴促进法、农产品质量安全法律制度、农业环境保护、农业生态保护、农村土地管理、农村基础设施建设、农业生产资料管理八个方面进行了介绍，对广大农民朋友学习和了解国家农业农村政策与法律法规具有重要意义。

由于编者水平有限，书中不妥之处在所难免，恳请广大读者和同行不吝指正。

编　者

2023年8月

目录

CONTENTS

第一章

农业政策与法律法规

第一节　农业政策

一　农业政策的概念及特点

（一）农业政策的概念

政策　是国家、政党凭借其权力，为了实现一定历史时期的路线和任务，完成一定的目标而对社会经济等多方面或环节采取一系列的措施和规定的行动准则。

农业政策　是根据党的路线、方针和原则，为了发展农业生产和农村经济，国家职能部门制定的激励或约束农村各种经济活动的行动准则。

（二）农业政策的特点

农业政策的特点

- **内容上的纲领性**
  规定农业经济活动应遵循的共同原则，并不规定具体目标和措施。
- **工作范围的广泛性**
  农业政策调整范围一般是整个国家或地区的农业生产经济活动和经济关系，具有普遍性。
- **具体应用上的灵活性**
  政策规定得比较原则，政策的理解和具体的应用带有一定的灵活性。
- **政策效力的有限性**
  由于农业政策原则性较强且有一定灵活性，容易受人为因素干扰，使政策纪律执行有一定的难度。

二 强农惠农政策

2021年,贯彻落实党的十九届五中全会、中央经济工作会议、中央农村工作会议、中央1号文件精神,围绕巩固拓展脱贫攻坚成果、全面推进乡村振兴、加快农业农村现代化,突出保供固安全、振兴畅循环,国家将继续加大支农投入,强化项目统筹整合,推进重大政策、重大工程、重大项目顺利实施。为便于广大农民和社会各界了解国家强农惠农政策,发挥政策引导的作用,现将2021年财政部、农业农村部实施的重点强农惠农政策汇总如下。

(一) 粮食生产发展

农机购置补贴

各地在中央财政农机购置补贴机具种类范围内选取确定本省补贴机具品目,实行补贴范围内机具应补尽补。将粮食生产薄弱环节、丘陵山区特色农业生产急需的机具以及高端、复式、智能农机产品的补贴额测算比例提高至35%。将育秧、烘干、标准化猪舍、畜禽粪污资源化利用等成套设施装备纳入农机新产品补贴试点范围。全面推行限时办理,将补贴申请受理与核验、补贴资金兑付的工作时限分别压缩至15个工作日以内。

重点作物绿色高质高效行动

集成组装推广区域性、标准化高产高效技术模式,在更大规模、更高层次上提升优良食味稻米、优质专用小麦、高油高蛋白大豆、双低双高油菜等粮棉油糖果菜茶生产能力,同时因地制宜推广测墒节灌、水肥一体化、集雨补灌、蓄水保墒等旱作节水农业技术,示范带动大面积区域性均衡发展,促进粮食等农作物稳产高产、节本增效和提质增效。

农业生产社会化服务

支持符合条件的农村集体经济组织、农民合作社、农业服务专业户和服务类企业面向小农户开展社会化服务,重点满足小农户在粮棉油糖等重要农产品生产中关键和薄弱环节的专业化服务需求。加大对南方早稻主产省、丘陵地区发展统防统治、代耕代种代收等粮食生产社会化服务的支持力度。采取以奖代补、作业补贴等多种方式,推进集中连片开展农业生产社会化服务。

基层农技推广

以国家现代农业科技示范展示基地和区域示范基地等为平台，示范推广重大引领性技术和农业主推技术。实施重大技术协同推广计划，熟化一批先进技术，组建技术团队开展试验示范和观摩活动，加快产学研推多方协作的技术集成创新推广。继续实施农技推广特聘计划，通过政府购买服务等方式，从乡土专家、新型农业经营主体、种养能手中招募特聘农技员。

玉米和大豆生产者补贴、稻谷补贴和产粮大县奖励

为保障国家粮食安全，国家继续实施玉米和大豆生产者补贴、稻谷补贴和产粮大县奖励等政策，巩固农业供给侧结构性改革成效。

实际种粮农民一次性补贴

为保障农民种粮有合理收益，保护好农民种粮积极性，2021 年中央财政对实际种粮农民发放一次性补贴，释放支持粮食生产积极信号，稳定农民收入，补贴资金向粮食主产区倾斜。

（二）耕地保护与质量提升

耕地地力保护补贴

补贴对象原则上为拥有耕地承包权的种地农民，补贴资金通过“一卡（折）通”等形式直接兑现到户，严禁任何方式统筹集中使用，严防“跑冒滴漏”，确保补贴资金不折不扣发放到农民手中。按照《财政部办公厅 农业农村部办公厅关于进一步做好耕地地力保护补贴工作的通知》（财办农〔2021〕11 号）要求，探索耕地地力保护补贴发放与耕地地力保护行为相挂钩的有效机制，加大耕地使用情况的核实力度，做到享受补贴农民的耕地不撂荒、地力不下降，切实推动落实“藏粮于地”战略部署，遏制耕地“非农化”。

高标准农田建设

按照“统一规划布局、统一建设标准、统一组织实施、统一验收考核、统一上图入库”五个统一的要求，2021 年在全国建设高标准农田 1 亿亩，并向粮食生产功

能区、重要农产品生产保护区倾斜。在建设内容上，按照《高标准农田建设通则》，以土地平整、土壤改良、农田水利、机耕道路、农田输配电设备等为重点，推进耕地“宜机化”改造，加强农业基础设施建设，提高农业综合生产能力。

东北黑土地保护

聚焦黑土地保护重点县，集中连片加强黑土地保护，强化培育肥沃耕层，旱地集中连片推进秸秆深翻还田、碎混还田等技术，水田推行秸秆秋翻压春搅浆还田等技术，增加耕地土壤有机质、打破压实层，开展综合提质培肥。继续稳步实施东北黑土地保护性耕作行动计划，支持在适宜区域推广应用秸秆覆盖免（少）耕播种等关键技术，有效减轻风蚀水蚀、增加土壤有机质、增强保墒抗旱能力、提高农业生态效益和经济效益。

耕地质量保护与提升

在重点作物绿色高质高效行动县协同开展化肥减量增效示范，引导企业和社会化服务组织开展科学施肥技术服务，支持农户和新型农业经营主体应用化肥减量增效新技术新产品；继续支持做好耕地质量等级调查评价与监测、取土化验、田间肥效试验等测土配方施肥基础性工作。在耕地酸化、盐碱化较严重区域，集成推广施用土壤调理剂、绿肥还田、耕作压盐、增施有机肥等措施，开展退化耕地治理。在西南、华南等地区，因地制宜采取品种替代、水肥调控、农业废弃物回收利用等环境友好型农业生产技术，加强生产障碍耕地治理。

耕地轮作休耕

立足资源禀赋、突出生态保护、实行综合治理，进一步探索科学有效轮作模式，重点在东北地区推行大豆薯类—玉米、杂粮杂豆春小麦—玉米等轮作，在黄淮海地区推行玉米—大豆或花生—玉米等轮作，在长江流域推行稻油、稻稻油等轮作。继续在河北地下水漏斗区、黑龙江三江平原井灌稻地下水超采区、新疆塔里木河流域地下水超采区实施休耕试点。

农机深松整地

以提高土壤蓄水保墒能力为目标，支持适宜地区开展农机深松整地作业，促进耕地质量改善和农业可持续发展。深松整地作业一般要求达到25厘米以上。每亩作业补助原则上不超过30元,具体补助标准和作业周期由各地因地制宜确定。

(三) 种业创新发展

种质资源保护

支持加快推进第三次全国农作物种质资源普查收集,启动实施第三次全国畜禽遗传资源普查,强化种质资源安全保存和精准鉴定。支持符合条件的国家级畜禽遗传资源保种场、保护区和基因库开展畜禽遗传资源保护,支持符合条件的国家畜禽核心育种场、种公畜站、奶牛生产性能测定中心等开展种畜禽生产性能测定。

畜牧良种推广

在主要草原牧区省份对项目区内符合条件的养殖户进行适当补助,支持牧区畜牧良种推广。在生猪大县实施生猪良种补贴,加快生猪品种改良。在黑龙江等10个蜂业主产省,实施蜂业质量提升行动,支持开展蜜蜂遗传资源保护利用、良种繁育推广、现代化养殖加工技术及设施推广应用、蜂产品质量管控体系建设,推动蜂业全产业链质量提升。

制种大县转型升级

2021年,在现有国家级制种大县范围内,聚焦稻谷、小麦、玉米、大豆、油菜等重点粮油品种,聚焦种子生产、加工短板弱项,创新基地建设和发展模式,推动优势基地和龙头企业合作共建,强化新技术、新工艺、新装备应用,促进种业转型升级,实现高质量发展。

(四) 畜牧业健康发展

推进奶业振兴

支持苜蓿种植、收获、运输、加工和储存等,增强苜蓿等优质饲草料供给能力,降低奶牛饲养成本,提高生鲜乳质量安全水平。支持家庭牧场、奶业合作社提升生产能力和质量水平。

实施粮改饲

以北方农牧交错带为重点，支持牛羊养殖场（户）和饲草专业化服务组织收储青贮玉米、苜蓿、燕麦草等优质饲草，通过以养带种的方式加快推动种植结构调整和现代饲草产业发展。

实施肉牛肉羊增量提质行动

在北方农牧交错带和南方牛（羊）产业基础相对较好的养殖大县，支持开展基础母牛扩群提质和种草养牛养羊全产业链发展，引导增加基础母牛存栏，建立牛羊生产草畜配套、种养结合发展机制，提高牛羊肉产品供给能力。

生猪（牛羊）调出大县奖励

包括生猪调出大县奖励、牛羊调出大县奖励和省级统筹奖励资金。生猪调出大县奖励资金和牛羊调出大县奖励资金由县级人民政府统筹安排用于支持本县生猪（牛羊）生产流通和产业发展，省级统筹奖励资金由省级人民政府统筹安排用于支持本省（自治区、直辖市）生猪（牛羊）生产流通和产业发展。

（五）农业全产业链提升

农业产业融合发展

统筹中央财政产业融合发展政策任务资金，引导各地聚焦主导产业，优化产业布局，整体衔接推进，新创建50个国家现代农业产业园、50个优势特色产业集群、298个农业产业强镇，推动乡村产业形态更高级、布局更优化、结构更合理。引导各省立足优势和资源禀赋，瞄准农业全产业链开发，明确发展主导产业和优先顺序，构建以产业强镇为基础、产业园为引擎、产业集群为骨干，省县乡梯次布局、点线面协同推进的现代乡村产业体系，加快推动品种培优、品质提升、品牌培育和标准化生产，整体提升产业发展质量效益和竞争力。中央财政分年分类对批准创建的国家现代农业产业园、优势特色产业集群、农业产业强镇给予奖补支持。鼓励创新资金使用方式，采取直接补助、政府购买服务、先建后补、以奖代补等方式，引导和撬动金融和社会资本参与建设，促进市场投资主体和农民合理分享增值收益，提高产业发展的内在活力和竞争力。择优支持创建一批粮食、种业、肉牛产业园和产业集群。

农产品产地冷藏保鲜设施建设

坚持“农有、农用、农享”的原则，围绕鲜活农产品，聚焦新型主体，相对集中布局，标准规范引领，农民自愿自建，政府以奖代补，助力降损增效，推动产地冷藏保鲜能力、商品化处理能力和服务带动能力显著提升。采取“先建后补、以奖代补”方式，支持在全国范围内推进农产品产地冷藏保鲜设施建设，并择优选择 100 个县开展农产品产地冷藏保鲜整县推进试点。支持对象为县级以上示范家庭农场和农民合作社示范社（832 个脱贫县可不受示范等级限制），以及已登记的村集体经济组织。试点县可因地制宜鼓励农业龙头企业、农业产业化联合体，以及可有效实现联农带农、“农超对接”的相关市场主体，积极参与农产品产地冷藏保鲜设施建设。补助采取“双限”，补贴比例上限不超过冷藏保鲜设施建设总造价的 30%（832 个脱贫县放宽至 40%），单个主体补助原则上不超过 100 万元，具体定额补贴标准由地方制定。对农民合作社获得的财政直接补助形成的资产要量化到全体成员并记载在成员账户中；对农村集体经济组织获得的财政直接补助形成的资产要量化为集体成员持有的股份。

农产品地理标志保护工程

围绕产品特色化、身份标识化和全程数字化，加强地理标志农产品特色种质保存和特色品质保持，推动全产业链标准化全程质量控制，提升核心保护区生产及加工储运能力。挖掘农耕文化，推动绿色有机认证，加强宣传推介，培育区域特色品牌。利用现代信息技术，强化标志管理和产品追溯。

（六）新型经营主体培育

高素质农民培训

重点面向从事适度规模经营的农民，实施新型农业经营服务主体能力提升、种养加能手技能、返乡下乡者创业、乡村治理及社会事业发展带头人和农村实用人才带头人示范等培训，加快培养懂技术、善经营、会管理的高素质农民。鼓励有经验、有条件的农业企业、家庭农场和农民合作社参与实习实训等培训工作。

新型农业经营主体高质量发展

支持县级以上农民合作社示范社（联合社）和示范家庭农场改善生产条件，应用先进技术，提升规模化、绿色化、标准化、集约化生产能力，建设清选包装、烘干等产地初加工设施，提高产品质量水平和市场竞争力。鼓励各地为农民合作社和家庭农场提供财务管理、技术指导等服务。鼓励有条件的地方依托龙头企业，带动农民合作社和家庭农场，形成农业产业化联合体。

农业信贷担保服务

重点服务家庭农场、农民合作社、农业社会化服务组织、小微农业企业等农业适度规模经营主体。服务范围限定为农业生产及与其直接相关的产业融合项目，突出对粮食等重要农产品生产的支持。中央财政对政策性农担业务实行担保费用补助和业务奖补，支持省级农担公司降低担保费用和应对代偿风险，确保政策性农担业务贷款主体实际负担的担保费率不超过 0.8%。

（七）农业资源保护利用

草原生态保护补助奖励

在河北、山西、内蒙古、辽宁、吉林、黑龙江、四川、云南、西藏、甘肃、青海、宁夏、新疆等 13 省（自治区）以及新疆生产建设兵团和北大荒农垦集团有限公司实施草原生态保护补助奖励政策，补奖资金用于支持实施草原禁牧、推动草畜平衡，有条件的地方可用于推动生产转型，提高草原畜牧业现代化水平。

渔业发展补助

聚焦渔业资源养护、纳入国家规划的重点项目以及促进渔业安全生产等方面，重点支持建设国家级海洋牧场、现代渔业装备设施，以及国家级渔港经济区公益性基础设施更新改造和整治维护，开展集中连片内陆养殖池塘标准化改造和尾水治理，实施渔业资源调查养护和国际履约能力提升奖补等。支持实施渔业资源养护，继续在流域性大江大湖、界江界河、资源退化严重海域等重点水域开展渔业增殖放流，促进恢复或增加渔业种群的数量，改善和优化水域的渔业种群结构。

长江流域重点水域禁捕退捕

开展长江禁捕退捕财政补助资金监督检查，推动资金落实到位、安全规范有效使用。强化长江禁捕退捕资金落实情况定期调度，督促指导地方做好资金保障等相关工作，巩固长江禁捕退捕取得成果。

绿色种养循环农业试点

在畜牧养殖大省、粮食和蔬菜主产区、生态保护重点区域，选择基础条件好、地方政府积极性高的县（市、区），整县开展粪肥就地消纳、就近还田补奖试点，扶持一批企业（畜禽养殖企业除外）和社会化服务组织提供粪肥收集、处理、施用服务，以县为单位构建粪肥还田组织运行模式，带动县域内粪污基本还田，推动化肥减量，促进耕地质量提升和农业绿色发展。

农作物秸秆综合利用试点

在全国范围内整县推进，坚持农用优先、多元利用，培育一批产业化利用主体，打造一批全量利用样板县。激发秸秆还田、离田、加工利用等各环节市场主体活力，探索可推广、可持续的秸秆综合利用技术路线、模式和机制。

地膜回收利用

在内蒙古、甘肃和新疆支持100个县整县推进废旧地膜回收利用，鼓励其他地区自主开展探索。支持建立健全废旧地膜回收加工体系，建立经营主体上交、专业化组织回收、加工企业回收、以旧换新等多种方式的回收利用机制，并探索“谁生产、谁回收”的地膜生产者责任延伸制度。支持有条件地区集中开展适宜作物全生物可降解地膜替代和新疆棉区机械化回收农膜。

（八）农业防灾减灾

农业生产救灾

中央财政对各地农业重大自然灾害及农业生物灾害的预防控制和灾后恢复生产工作给予适当补助。支持范围包括农业重大自然灾害预防及农业生物灾害防控所需的物资材料补助，恢复农业生产措施所需的物资材料补助，牧区抗灾保畜所需的储草棚（库）、牲畜暖棚和应急调运饲草料补助等。

动物疫病防控

中央财政对动物疫病强制免疫、强制扑杀和养殖环节无害化处理工作给予补助。强制免疫补助经费主要用于开展口蹄疫、高致病性禽流感、小反刍兽疫、布病、包虫病等动物强制免疫疫苗（驱虫药物）采购、储存、注射（投喂）与免疫效果监测评价、人员防护等相关防控工作，以及对实施和购买动物防疫服务等予以补助；大力推进强制免疫“先打后补”。国家在预防、控制和扑灭动物疫病过程中，对被强制扑杀动物的所有者给予补助，补助经费由中央财政和地方财政共同承担。国家对养殖环节病死猪无害化处理予以支持，由各地根据有关要求，结合当地实际，完善无害化处理补助政策，切实做好养殖环节无害化处理工作。

农业保险保费补贴

在地方财政自主开展、自愿承担一定补贴比例基础上，中央财政对稻谷、小麦、玉米、棉花、马铃薯、油料作物、糖料作物、能繁母猪、奶牛、育肥猪、森林、青稞、牦牛、藏系羊和天然橡胶，以及稻谷、小麦、玉米制种保险给予保费补贴支持。扩大三大粮食作物完全成本保险和种植收入保险实施范围。继续开展中央财政对地方优势特色农产品保险奖补试点。

（九）农村人居环境整治

因地制宜推进农村改厕

支持实施农村厕所革命整村推进财政奖补政策，分类有序推进农村厕所革命。充分发挥农民群众主体作用，加强农村改厕和农村生活污水治理统筹衔接，着力建立健全运行管护机制，切实提高农村改厕质量，务求长效管用。

第二节　农业法律法规

一　法的概念

法是由国家制定、认可并保证实施的，反映由特定物质生产条件所决定的统治阶级意志，以权利义务为内容，以确认、保护和发展统治阶级所期望的社会关系及社会秩序为目的的行为规范体系。

法的基本特征

❶调整人的行为或社会关系的规范。

❷国家制定或认可，并具有普遍约束力的社会规范。

❸以国家强制力保证实施的社会规范。

❹规定权利和义务的社会规范。

二　法的表现形式及其分类

我国法律的主要形式

- 《宪法》
- 法律（狭义）
- 行政法规
- 地方性法规
- 自治条例和单行条例
- 行政规章
- 特别行政区的法
- 国际条约

法律种类的划分

- 从法律的文字表现形式方面划分：成文法、不成文法。
- 从法律的适用范围方面划分：普通法、特别法。
- 从法律制定的主体方面划分：国际法、国内法。
- 从法律的内容方面划分：实体法、程序法。

三 农业、农村法律体系框架构成

改革开放以来，依照《宪法》，我国在调整农民、农业和农村各类社会关系方面已先后制定和修订了《中华人民共和国农业法》（以下简称《农业法》）等 20 多部法律、70 多部行政法规以及相关的一系列法律法规。一个具有中国特色的农业、农村法律制度框架已初步形成，在“三农”方面基本做到了有法可依。

（一）从立法效力关系上进行界定

《农业法》	《农业法》作为农业基本法，主要就农业和农村经济的基本制度和农业发展的一些方向性问题进行较为原则的规定。
专业法律	专业法律是就农业和农村经济中的特定经济关系或某个领域的基本问题进行规定的与《农业法》相配套的专门法律。
行政法规	行政法规是为实施专业法律而制定的配套性行政法规和专业法律没有或没有明确的具体规定。凡涉及全国性农业和农村经济中的重大具体问题或涉及重大方针、政策具体问题或涉及几个部门的具体问题，由国务院以行政法规加以规定。
地方性法规	地方性法规是为保证《宪法》、法律和行政法规在本区域的有效实施和规范本区域农业和农村经济中的特殊经济关系或基本问题而制定的。
部门规章和地方规章	部门规章在全国普遍适用，而地方规章则只适用本区域范围。

（二）从涉农关系上进行界定

农业基本法律制度

《农业法》。

农产品生产与经营法律制度

《中华人民共和国农业技术推广法》《中华人民共和国种子法》《肥料登记管理办法》《农药管理条例》《饲料和饲料添加剂管理条例》《兽药管理条例》《农业机械安全监督管理条例》《中华人民共和国食品安全法》《中华人民共和国农产品质量安全法》《中华人民共和国动物防疫法》《中华人民共和国进出境动植物检疫法》《植物检疫条例》《种畜禽管理条例》《乳品质量安全监督管理条例》《中华人民共和国农民专业合作社法》《中华人民共和国合伙企业法》《中华人民共和国合同法》等。

农业知识产权法律制度

《中华人民共和国专利法》《中华人民共和国植物新品种保护条例》《中华人民共和国商标法》《中华人民共和国反不正当竞争法》《地理标志产品保护规定》《农产品地理标志管理办法》等。

农村土地承包与纠纷解决法律制度

《中华人民共和国物权法》《中华人民共和国农村土地承包法》《中华人民共和国农村土地承包经营纠纷调解仲裁法》等。

农业资源与环境保护法律制度

《中华人民共和国环境保护法》《中华人民共和国土地管理法》《中华人民共和国水法》《中华人民共和国渔业法》《中华人民共和国草原法》《中华人民共和国森林法》等。

农村金融、税收法律制度

《中华人民共和国保险法》《农业保险条例》《工伤保险条例》和我国税收法律制度中有关农业税收部分等。

农村法律教育制度

《中华人民共和国义务教育法》《中华人民共和国教师法》《教师资格条例》《幼儿园管理条例》等。

农民婚姻家庭继承法律制度

《中华人民共和国婚姻法》《中华人民共和国继承法》《中华人民共和国妇女权益保障法》等。

农村社会保障制度

《国务院关于开展新型农村社会养老保险试点的指导意见》《关于建立新型农村合作医疗制度的意见》等。

农村基层组织法律制度

《中华人民共和国村民委员会组织法》《中华人民共和国全国人民代表大会和地方各级人民代表大会选举法》《妇女联合会农村基层组织工作条例》《村民一事一议筹资筹劳管理办法》等。

第三节 农业政策与农业法规的关系

一 农业政策与农业法规的区别

依法治国，是党领导人民治理国家的基本方略，是发展社会主义市场经济的客观需要，是社会文明进步的重要标志，是国家长治久安的重要保障。党领导人民制定《宪法》和法律法规，并在《宪法》和法律范围内活动。依法治国把坚持党的领导、发扬人民民主和严格依法办事统一起来，从制度和法律上保证党的基本路线和基本方针的贯彻实施。

政策的法律化是社会主义法律的基本特征之一，也是任何法治国家法律的基本特征之一。法律是提升为国家意志的统治阶级的意志，是法律的本质特征。而统治阶级的意志，在上升为法律规范之前，就是表现为权力内容的政策。

实行依法治农是实施依法治国基本方略的重要组成部分，是推进农村政治文明建设的重要内容。我国是一个经济快速发展的转型国家，在转型时期法治建设的任务还很重，农业政策的调节作用还相当强大。

二 农业政策与农业法规的联系

党的农业政策指导社会主义农业法规的制定和实施，党的农业政策决定农业法律法规的性质、任务、内容和方向。法律法规是根据党的政策制定的，是党的政策的定型化、条文化、具体化。

法律法规是一种国家意志，具有普遍约束力。党的政策体现为法律法规后，就具有国家意志的属性，以权利和义务的形式表现出来，成为各种组织和全体公民必须遵守的行为规则。

法律法规具有国家强制力的属性，这就使党的农业政策的实施，不仅可以得到党的纪律保证，而且还可以得到国家强制力的保证。

法律法规具有稳定性，党的农业政策表现为农业法律法规，可以保持相对的稳定。

第二章

中华人民共和国乡村振兴促进法

第一节 实施乡村振兴战略的重大意义

一 《中华人民共和国乡村振兴促进法》立法过程

立法提议

2017 年 10 月，党的十九大提出实施乡村振兴战略，并作为七大战略之一写入党章。为保障乡村振兴战略的有效贯彻实施，落实 2018 年中央一号文件提出的“强化乡村振兴法治保障”的要求，十三届全国人大常委会将制定乡村振兴促进法列入立法规划。

启动立法

2019 年 1 月，全国人大农业与农村委员会牵头组织国家发展改革委、农业农村部等部门成立乡村振兴促进法起草领导小组，启动乡村振兴促进法制定工作。

提请审议

起草组赴地方开展调研，通过多种途径深入听取地方政府、基层干部和农民群众的意见建议；广泛征求全国人大代表、中央和国务院有关部门、各省（区、市）人大、有关研究机构及专家的意见。经过深入分析研究，认真吸纳各方面意见，反复修改完善，形成了《中华人民共和国乡村振兴促进法》（草案），并在 2020 年 6 月、12 月先后提请十三届全国人大常委会第十九次、第二十四次会议进行了两次审议。

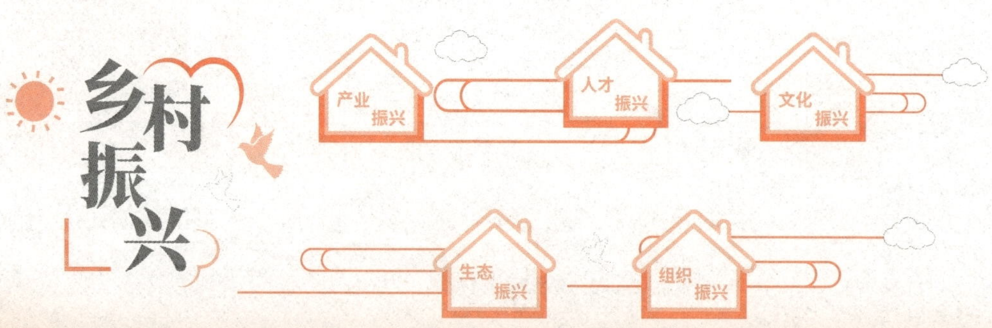

审议通过

2021年4月29日,《中华人民共和国乡村振兴促进法》(草案)经十三届全国人大常委会第二十八次会议审议并高票通过。

二 重要意义

建设现代化经济体系

乡村振兴战略是建设现代化经济体系的重要基础。通过促进农村产业升级、推动农业现代化、发展乡村特色产业等举措,实现农村经济的结构调整和转型升级,推动农业农村经济与城市经济协同发展,为构建现代化经济体系提供支撑。

建设美丽中国

乡村振兴战略是建设美丽中国的关键举措。通过加强农村环境治理、保护农村生态资源、推动农村人居环境改善,打造宜居宜业宜游的乡村环境,实现农业农村的绿色发展,促进生态文明建设,为实现美丽中国目标作出贡献。

传承中华优秀传统文化

乡村振兴战略是传承中华优秀传统文化的有效途径。通过保护和传承乡村传统文化,挖掘和发展乡村文化资源,促进文化创新和文化产业发展,提升农村文化软实力,推动中华优秀传统文化在乡村焕发新的活力和影响力。

健全现代社会治理格局

乡村振兴战略是健全现代社会治理格局的固本之策。通过加强乡村社会治理体系建设,完善农村基层自治、法治、德治相结合的治理机制,提高农村社会管理和服务水平,增强乡村社会发展的自我调控和自我管理能力。

实现全体人民共同富裕

乡村振兴战略是实现全体人民共同富裕的必然选择。通过促进农民增收、改善农民生活条件,缩小城乡收入差距,提高农民的获得感和幸福感,实现乡村人口的全面小康,推动全体人民共同富裕。

第二节 乡村振兴战略的主要内容和实施要求

一 乡村振兴战略的主要内容

《中华人民共和国乡村振兴促进法》（以下简称《乡村振兴促进法》）已于2021年4月29日经十三届全国人大常委会第二十八次会议审议通过，与2018年中央1号文件、《乡村振兴战略规划（2018—2022年）》（以下简称《规划》）、《中国共产党农村工作条例》等共同构建了实施乡村振兴战略的"四梁八柱"，强化了走中国特色社会主义乡村振兴道路的顶层设计，夯实了良法善治的制度基石。《乡村振兴促进法》是"三农"领域一部综合性法律，对于促进乡村产业振兴、人才振兴、文化振兴、生态振兴、组织振兴和推进城乡融合发展，具有重要的里程碑意义。

总则

规定了乡村的定义和全面实施乡村振兴战略的原则，即坚持党对农村工作的全面领导，确保党在农村工作中总揽全局、协调各方，保证农村改革发展沿着正确的方向前进。

第三条 促进乡村振兴应当按照产业兴旺、生态宜居、乡风文明、治理有效、生活富裕的总要求，统筹推进农村经济建设、政治建设、文化建设、社会建设、生态文明建设和党的建设，充分发挥乡村在保障农产品供给和粮食安全、保护生态环境、传承发展中华民族优秀传统文化等方面的特有功能。

第四条 全面实施乡村振兴战略，应当坚持中国共产党的领导，贯彻创新、协调、绿色、开放、共享的新发展理念，走中国特色社会主义乡村振兴道路，促进共同富裕，遵循以下原则：

（一）坚持农业农村优先发展，在干部配备上优先考虑，在要素配置上优先满足，在资金投入上优先保障，在公共服务上优先安排；

（二）坚持农民主体地位，充分尊重农民意愿，保障农民民主权利和其他合法权益，调动农民的积极性、主动性、创造性，维护农民根本利益；

（三）坚持人与自然和谐共生，统筹山水林田湖草沙系统治理，推动绿色发展，推进生态文明建设；

（四）坚持改革创新，充分发挥市场在资源配置中的决定性作用，更好发挥政府作用，推进农业供给侧结构性改革和高质量发展，不断解放和发展乡村社会生产力，激发农村发展活力；

（五）坚持因地制宜、规划先行、循序渐进，顺应村庄发展规律，根据乡村的历史文化、发展现状、区位条件、资源禀赋、产业基础分类推进。

第五条 国家巩固和完善以家庭承包经营为基础、统分结合的双层经营体制，发展壮大农村集体所有制经济。

第六条 国家建立健全城乡融合发展的体制机制和政策体系，推动城乡要素有序流动、平等交换和公共资源均衡配置，坚持以工补农、以城带乡，推动形成工农互促、城乡互补、协调发展、共同繁荣的新型工农城乡关系。

第七条 国家坚持以社会主义核心价值观为引领，大力弘扬民族精神和时代精神，加强乡村优秀传统文化保护和公共文化服务体系建设，繁荣发展乡村文化。

每年农历秋分日为中国农民丰收节。

产业发展

第十二条 国家完善农村集体产权制度，增强农村集体所有制经济发展活力，促进集体资产保值增值，确保农民受益。

各级人民政府应当坚持以农民为主体，以乡村优势特色资源为依托，支持、促进农村一二三产业融合发展，推动建立现代农业产业体系、生产体系和经营体系，推进数字乡村建设，培育新产业、新业态、新模式和新型农业经营主体，促进小农户和现代农业发展有机衔接。

人才支撑

第二十四条 国家健全乡村人才工作体制机制，采取措施鼓励和支持社会各方面提供教育培训、技术支持、创业指导等服务，培养本土人才，引导城市人才下乡，推动专业人才服务乡村，促进农业农村人才队伍建设。

第二十六条 各级人民政府应当采取措施，加强职业教育和继续教育，组织开展农业技能培训、返乡创业就业培训和职业技能培训，培养有文化、懂技术、善经营、会管理的高素质农民和农村实用人才、创新创业带头人。

文化繁荣

第二十九条 各级人民政府应当组织开展新时代文明实践活动，加强农村精神文明建设,不断提高乡村社会文明程度。

第三十条 各级人民政府应当采取措施丰富农民文化体育生活,倡导科学健康的生产生活方式,发挥村规民约积极作用,普及科学知识,推进移风易俗,破除大操大办、铺张浪费等陈规陋习,提倡孝老爱亲、勤俭节约、诚实守信,促进男女平等,创建文明村镇、文明家庭,培育文明乡风、良好家风、淳朴民风,建设文明乡村。

生态保护

第三十四条 国家健全重要生态系统保护制度和生态保护补偿机制,实施重要生态系统保护和修复工程,加强乡村生态保护和环境治理,绿化美化乡村环境,建设美丽乡村。

第三十五条 国家鼓励和支持农业生产者采用节水、节肥、节药、节能等先进的种植养殖技术,推动种养结合、农业资源综合开发,优先发展生态循环农业。

各级人民政府应当采取措施加强农业面源污染防治,推进农业投入品减量化、生产清洁化、废弃物资源化、产业模式生态化,引导全社会形成节约适度、绿色低碳、文明健康的生产生活和消费方式。

组织建设

第四十一条 建立健全党委领导、政府负责、民主协商、社会协同、公众参与、法治保障、科技支撑的现代乡村社会治理体制和自治、法治、德治相结合的乡村社会治理体系,建设充满活力、和谐有序的善治乡村。

城乡融合

第五十条 各级人民政府应当协同推进乡村振兴战略和新型城镇化战略的实施,整体筹划城镇和乡村发展,科学有序统筹安排生态、农业、城镇等功能空间,优化城乡产业发展、基础设施、公共服务设施等布局,逐步健全全民覆盖、普惠共享、城乡一体的基本公共服务体系,加快县域城乡融合发展,促进农业高质高效、乡村宜居宜业、农民富裕富足。

扶持措施

第五十八条 国家建立健全农业支持保护体系和实施乡村振兴战略财政投入保障制度。县级以上人民政府应当优先保障用于乡村振兴的财政投入,确保投入力度不断增强、总量持续增加、与乡村振兴目标任务相适应。

监督检查

第六十八条 国家实行乡村振兴战略实施目标责任制和考核评价制度。上级人民政府应当对下级人民政府实施乡村振兴战略的目标完成情况等进行考核，考核结果作为地方人民政府及其负责人综合考核评价的重要内容。

二 乡村振兴战略实施要求

实施乡村振兴战略，是着眼于确保如期实现全面小康和基本实现现代化、实现国家长治久安作出的重大决策部署。

产业兴旺

产业兴旺，是解决农村一切问题的前提。要发展现代农业，调整优化农业结构，加快构建现代农业产业体系、生产体系、经营体系，确保国家粮食安全和重要农产品有效供给。发展农村新产业新业态，推动农产品加工业优化升级，把现代信息技术引入农业产加销各个环节，发展乡村休闲旅游、文化体验、养生养老、农村电商等，推进农村一二三产业融合发展，实现乡村经济多元化。

生态宜居

生态宜居，是乡村振兴的内在要求。要扎实实施农村人居环境整治提升行动，推进农村“厕所革命”，加强农业生态环境保护和农村污染防治，统筹推进山水林田湖草系统治理，改造提升农村水电路气房讯等基础设施，打造农民安居乐业的美丽家园，让良好生态成为乡村振兴支撑点。

乡风文明

乡风文明，是乡村振兴的紧迫任务。要加强农村思想道德建设和公共文化建设，以社会主义核心价值观为引领，弘扬主旋律和社会正气，发挥红白理事会、村规民约的积极作用，推动移风易俗，培育文明乡风、良好家风、淳朴民风，改善农民精神风貌，提高乡村社会文明程度，焕发乡村文明新气象。

治理有效

治理有效，是乡村振兴的重要保障。要加强和创新乡村治理，建立健全党委领导、政府负责、社会协同、公众参与、法治保障、科技支撑的现代乡村社会治理体制，健全自治、法治、德治相结合的乡村治理体系，让农村社会既充满活力又和谐有序。

生活富裕

生活富裕，是乡村振兴的主要目的。要构建促进农民收入稳定增长的长效机制，通过发展农村经济、引导农村劳动力转移就业、增加农民财产性收入和转移性收入等多种途径增加农民收入，不断缩小城乡居民收入差距，让广大农民尽快富裕起来。

第三章

农产品质量安全法律制度

第一节　中华人民共和国农产品质量安全法

《中华人民共和国农产品质量安全法》(以下简称《农产品质量安全法》)已于2022年9月2日经第十三届全国人民代表大会常务委员会第三十六次会议修订通过,自2023年1月1日起施行。这是我国农产品质量安全领域的一件大事,为推动全面提升农产品质量安全治理能力、稳步提升绿色优质农产品供给能力,构建高水平监管、高质量发展新格局提供了有力的法治保障。

修订亮点

《农产品质量安全法》共分8章81条,涵盖了农产品从产地到市场的全过程。新修订的《农产品质量安全法》,从生产环节到加工、消费环节,做好与食品安全法的衔接,实现农产品从田间地头到百姓餐桌的全过程监管。农产品质量安全标准是强制执行的标准。为全面体现"四个最严"的要求,新修订的《农产品质量安全法》,在关于农产品质量安全的定义中增加生产经营的农产品达到农产品质量安全标准的内容;在国家建立健全农产品质量安全标准体系的基础上,明确要求"确保严格实施";在农产品质量安全标准中增加"储存、运输"农产品过程中的质量安全管理要求。

生产经营"重承诺"

新修订的《农产品质量安全法》明确规定农产品生产经营者应当对其生产经营的农产品质量安全负责。依照法律法规和质量安全标准从事生产经营活动,诚信自律,接受社会监督,承担社会责任。

第二十三条　农产品生产者应当科学合理使用农药、兽药、肥料、农用薄膜等农业投入品,防止对农产品产地造成污染。

农药、肥料、农用薄膜等农业投入品的生产者、经营者、使用者应当按照国家有关规定回收并妥善处置包装物和废弃物。

第二十六条　农产品生产企业、农民专业合作社、农业社会化服务组织应当加强农产品质量安全管理。

农产品生产企业应当建立农产品质量安全管理制度,配备相应的技术人员;不具备配备条件的,应当委托具有专业技术知识的人员进行农产品质量安全指导。

国家鼓励和支持农产品生产企业、农民专业合作社、农业社会化服务组织建立和实施危害分析和关键控制点体系，实施良好农业规范，提高农产品质量安全管理水平。

第二十七条 农产品生产企业、农民专业合作社、农业社会化服务组织应当建立农产品生产记录，如实记载下列事项：

（一）使用农业投入品的名称、来源、用法、用量和使用、停用的日期；

（二）动物疫病、农作物病虫害的发生和防治情况；

（三）收获、屠宰或者捕捞的日期。

农产品生产记录应当至少保存二年。禁止伪造、变造农产品生产记录。

国家鼓励其他农产品生产者建立农产品生产记录。

第二十九条 农产品生产经营者应当依照有关法律、行政法规和国家有关强制性标准、国务院农业农村主管部门的规定，科学合理使用农药、兽药、饲料和饲料添加剂、肥料等农业投入品，严格执行农业投入品使用安全间隔期或者休药期的规定；不得超范围、超剂量使用农业投入品危及农产品质量安全。

禁止在农产品生产经营过程中使用国家禁止使用的农业投入品以及其他有毒有害物质。

第三十条 农产品生产场所以及生产活动中使用的设施、设备、消毒剂、洗涤剂等应当符合国家有关质量安全规定，防止污染农产品。

第三十四条 销售的农产品应当符合农产品质量安全标准。

农产品生产企业、农民专业合作社应当根据质量安全控制要求自行或者委托检测机构对农产品质量安全进行检测；经检测不符合农产品质量安全标准的农产品，应当及时采取管控措施，且不得销售。

农业技术推广等机构应当为农户等农产品生产经营者提供农产品检测技术服务。

第三十八条 农产品生产企业、农民专业合作社以及从事农产品收购的单位或者个人销售的农产品，按照规定应当包装或者附加承诺达标合格证等标识的，须经包装或者附加标识后方可销售。包装物或者标识上应当按照规定标明产品的品名、产地、生产者、生产日期、保质期、产品质量等级等内容；使用添加剂的，还应当按照规定标明添加剂的名称。具体办法由国务院农业农村主管部门制定。

第三十九条 农产品生产企业、农民专业合作社应当执行法律、法规的规定和国家有关强制性标准，保证其销售的农产品符合农产品质量安全标准，并根据质量安全控制、检测结果等开具承诺达标合格证，承诺不使用禁用的农药、兽药及其他化合物且使用的常规农药、兽药残留不超标等。鼓励和支持农户销售农产品时开具承诺达标合格证。法律、行政法规对畜禽产品的质量安全合格证明有特别规定的，应当遵守其规定。

从事农产品收购的单位或者个人应当按照规定收取、保存承诺达标合格证或者其他质量安全合格证明，对其收购的农产品进行混装或者分装后销售的，应当按照规定开具承诺达标合格证。

农产品批发市场应当建立健全农产品承诺达标合格证查验等制度。

第四十条 农产品生产经营者通过网络平台销售农产品的，应当依照本法和《中华人民共和国电子商务法》《中华人民共和国食品安全法》等法律、法规的规定，严格落实质量安全责任，保证其销售的农产品符合质量安全标准。网络平台经营者应当依法加强对农产品生产经营者的管理。

监管执法"有力度"

新修订的《农产品质量安全法》明确农业农村、市场监督管理部门的监管职责，强调农业农村和市场监督管理部门应当加强协调配合和执法衔接，建立全程监督管理协作机制，确保农产品从生产到消费各环节的质量安全。

第四十五条 县级以上人民政府农业农村主管部门应当建立健全随机抽查机制，按照监督抽查计划，组织开展农产品质量安全监督抽查。

农产品质量安全监督抽查检测应当委托符合本法规定条件的农产品质量安全检测机构进行。监督抽查不得向被抽查人收取费用，抽取的样品应当按照市场价格支付费用，并不得超过国务院农业农村主管部门规定的数量。

上级农业农村主管部门监督抽查的同批次农产品，下级农业农村主管部门不得另行重复抽查。

第四十六条 县级以上人民政府农业农村主管部门应当根据农产品质量安全风险监测、风险评估结果和农产品质量安全状况等，制定监督抽查计划，确定农产品质量安全监督抽查的重点、方式和频次，并实施农产品质量安全风险分级管理。

第五十三条 开展农产品质量安全监督检查，有权采取下列措施：

（一）进入生产经营场所进行现场检查，调查了解农产品质量安全的有关情况；

（二）查阅、复制农产品生产记录、购销台账等与农产品质量安全有关的资料；

（三）抽样检测生产经营的农产品和使用的农业投入品以及其他有关产品；

（四）查封、扣押有证据证明存在农产品质量安全隐患或者经检测不符合农产品质量安全标准的农产品；

（五）查封、扣押有证据证明可能危及农产品质量安全或者经检测不符合产品质量标准的农业投入品以及其他有毒有害物质；

（六）查封、扣押用于违法生产经营农产品的设施、设备、场所以及运输工具；

（七）收缴伪造的农产品质量标志。

农产品生产经营者应当协助、配合农产品质量安全监督检查，不得拒绝、阻挠。

第五十五条 农产品生产经营过程中存在质量安全隐患，未及时采取措施消除的，县级以上地方人民政府农业农村主管部门可以对农产品生产经营者的法定代表人或者主要负责人进行责任约谈。农产品生产经营者应当立即采取措施，进行整改，消除隐患。

第六十一条 县级以上人民政府农业农村、市场监督管理等部门发现农产品质量安全违法行为涉嫌犯罪的，应当及时将案件移送公安机关。对移送的案件，公安机关应当及时审查；认为有犯罪事实需要追究刑事责任的，应当立案侦查。

公安机关对依法不需要追究刑事责任但应当给予行政处罚的，应当及时将案件移送农业农村、市场监督管理等部门，有关部门应当依法处理。

公安机关商请农业农村、市场监督管理、生态环境等部门提供检验结论、认定意见以及对涉案农产品进行无害化处理等协助的，有关部门应当及时提供、予以协助。

放心消费“更安心”

第九条 国家引导、推广农产品标准化生产，鼓励和支持生产绿色优质农产品，禁止生产、销售不符合国家规定的农产品质量安全标准的农产品。

第十条 国家支持农产品质量安全科学技术研究，推行科学的质量安全管理方法，推广先进安全的生产技术。国家加强农产品质量安全科学技术国际交流与合作。

第十一条 各级人民政府及有关部门应当加强农产品质量安全知识的宣传，发挥基层群众性自治组织、农村集体经济组织的优势和作用，指导农产品生产经营者加强质量安全管理，保障农产品消费安全。

新闻媒体应当开展农产品质量安全法律、法规和农产品质量安全知识的公益宣传，对违法行为进行舆论监督。有关农产品质量安全的宣传报道应当真实、公正。

第十二条 农民专业合作社和农产品行业协会等应当及时为其成员提供生产技术服务，建立农产品质量安全管理制度，健全农产品质量安全控制体系，加强自律管理。

第三十二条 国家鼓励和支持农产品生产经营者选用优质特色农产品品种，采用绿色生产技术和全程质量控制技术，生产绿色优质农产品，实施分等分级，提高农产品品质，打造农产品品牌。

第三十三条 国家支持农产品产地冷链物流基础设施建设，健全有关农产品冷链物流标准、服务规范和监管保障机制，保障冷链物流农产品畅通高效、安全便捷，扩大高品质市场供给。

第五十四条 县级以上人民政府农业农村等部门应当加强农产品质量安全信用体

系建设，建立农产品生产经营者信用记录，记载行政处罚等信息，推进农产品质量安全信用信息的应用和管理。

第五十六条 国家鼓励消费者协会和其他单位或者个人对农产品质量安全进行社会监督，对农产品质量安全监督管理工作提出意见和建议。任何单位和个人有权对违反本法的行为进行检举控告、投诉举报。

县级以上人民政府农业农村主管部门应当建立农产品质量安全投诉举报制度，公开投诉举报渠道，收到投诉举报后，应当及时处理。对不属于本部门职责的，应当移交有权处理的部门并书面通知投诉举报人。

第七十九条 违反本法规定，给消费者造成人身、财产或者其他损害的，依法承担民事赔偿责任。生产经营者财产不足以同时承担民事赔偿责任和缴纳罚款、罚金时，先承担民事赔偿责任。

食用农产品生产经营者违反本法规定，污染环境、侵害众多消费者合法权益，损害社会公共利益的，人民检察院可以依照《中华人民共和国民事诉讼法》《中华人民共和国行政诉讼法》等法律的规定向人民法院提起诉讼。

第二节 中华人民共和国食品安全法

《中华人民共和国食品安全法》（以下简称《食品安全法》）是为了保证食品安全、保障公众身体健康和生命安全而制定的法律，自 2009 年 2 月 28 日第十一届全国人民代表大会常务委员会第七次会议通过，于 2015 年进行了修订，并于 2018 年、2021 年分别进行了修正。

新修订的《食品安全法》共 10 章，包括总则、食品安全风险监测和评估、食品安全标准、食品生产经营、食品检验、食品进出口、食品安全事故处置、监督管理、法律责任和附则。

《食品安全法》的亮点

新修订的《食品安全法》对保健食品、网络食品交易、食品添加剂等当前食品监管中存在的难点问题都有涉及，让损害消费者利益的商家承担连带责任，这些都是新修订的《食品安全法》的最大亮点。

1.建立食品安全全程追溯制度

通过建立出厂检验记录制度、进货查验记录制度、批发企业的销售记录制度等方式，使食品、食品添加剂、食用农产品全程可追溯。

第五十一条 食品生产企业应当建立食品出厂检验记录制度，查验出厂食品的检验合格证和安全状况，如实记录食品的名称、规格、数量、生产日期或者生产批号、保质期、检验合格证号、销售日期以及购货者名称、地址、联系方式等内容，并保存相关凭证。记录和凭证保存期限应当符合本法第五十条第二款的规定。

第五十二条 食品、食品添加剂、食品相关产品的生产者，应当按照食品安全标准对所生产的食品、食品添加剂、食品相关产品进行检验，检验合格后方可出厂或者销售。

第五十三条 食品经营者采购食品，应当查验供货者的许可证和食品出厂检验合格证或者其他合格证明（以下称合格证明文件）。

食品经营企业应当建立食品进货查验记录制度，如实记录食品的名称、规格、数量、生产日期或者生产批号、保质期、进货日期以及供货者名称、地址、联系方式等内容，并保存相关凭证。记录和凭证保存期限应当符合本法第五十条第二款的规定。

实行统一配送经营方式的食品经营企业，可以由企业总部统一查验供货者的许可证和食品合格证明文件，进行食品进货查验记录。

从事食品批发业务的经营企业应当建立食品销售记录制度，如实记录批发食品的名称、规格、数量、生产日期或者生产批号、保质期、销售日期以及购货者名称、地址、联系方式等内容，并保存相关凭证。记录和凭证保存期限应当符合本法第五十条第二款的规定。

2.加强特定标识监管

保健食品的标签应声明“本品不能代替药物”。生产经营转基因食品应当按照规定显著标示。食品、食品添加剂的生产日期、保质期等事项应当显著标注，容易辨识。

第六十九条 生产经营转基因食品应当按照规定显著标示。

第七十一条 食品和食品添加剂的标签、说明书，不得含有虚假内容，不得涉及疾病预防、治疗功能。生产经营者对其提供的标签、说明书的内容负责。

食品和食品添加剂的标签、说明书应当清楚、明显，生产日期、保质期等事项应当显著标注，容易辨识。

食品和食品添加剂与其标签、说明书的内容不符的，不得上市销售。

第七十八条 保健食品的标签、说明书不得涉及疾病预防、治疗功能，内容应当真实，与注册或者备案的内容相一致，载明适宜人群、不适宜人群、功效成分或者标志性成分及其含量等，并声明“本品不能代替药物”。保健食品的功能和成分应当与标签、说明书相一致。

3.强化食品、食品添加剂生产经营关联主体的义务和责任

规定集中交易市场的开办者、柜台出租者、展销会的举办者的资质审查、检查、报告义务，食用农产品批发市场的抽样检验义务和报告义务，网络食品交易第三方平台的实名登记、审查许可证义务。不履行义务的，要承担连带责任，还要受处罚。

第一百三十条 违反本法规定，集中交易市场的开办者、柜台出租者、展销会的举办者允许未依法取得许可的食品经营者进入市场销售食品，或者未履行检查、报告等义务的，由县级以上人民政府食品安全监督管理部门责令改正，没收违法所得，并处五万元以上二十万元以下罚款；造成严重后果的，责令停业，直至由原发证部门吊销许可证；使消费者的合法权益受到损害的，应当与食品经营者承担连带责任。

食用农产品批发市场违反本法第六十四条规定的，依照前款规定承担责任。

第一百三十一条 违反本法规定，网络食品交易第三方平台提供者未对入网食品经营者进行实名登记、审查许可证，或者未履行报告、停止提供网络交易平台服务等义务的，由县级以上人民政府食品安全监督管理部门责令改正，没收违法所得，并处五万元以上二十万元以下罚款；造成严重后果的，责令停业，直至由原发证部门吊销许可证；使消费者的合法权益受到损害的，应当与食品经营者承担连带责任。

消费者通过网络食品交易第三方平台购买食品，其合法权益受到损害的，可以向入网食品经营者或者食品生产者要求赔偿。网络食品交易第三方平台提供者不能提供入网食品经营者的真实名称、地址和有效联系方式的，由网络食品交易第三方平台提供者赔偿。网络食品交易第三方平台提供者赔偿后，有权向入网食品经营者或者食品生产者追偿。网络食品交易第三方平台提供者作出更有利于消费者承诺的，应当履行其承诺。

4.特殊食品严格监管

保健食品、特殊医学用途配方食品和婴幼儿配方食品纳入特殊食品，严格监管。不得以分装方式生产婴幼儿配方乳粉，同一企业不得用同一配方生产不同品牌的婴幼儿配方乳粉。

第七十四条 国家对保健食品、特殊医学用途配方食品和婴幼儿配方食品等特殊食品实行严格监督管理。

5.全面加大处罚力度

大部分违法行为的处罚起点由过去的二千元提升到五万元，较严重的违法行为处罚起点为十万元。一年内累计三次违反食品安全法受到处罚的，责令停产停业，直至吊销许可证。

第一百三十四条 食品生产经营者在一年内累计三次因违反本法规定受到责令停产停业、吊销许可证以外处罚的，由食品安全监督管理部门责令停产停业，直至吊销许可证。

第一百三十八条 违反本法规定，食品检验机构、食品检验人员出具虚假检验报告的，由授予其资质的主管部门或者机构撤销该食品检验机构的检验资质，没收所收取的检验费用，并处检验费用五倍以上十倍以下罚款，检验费用不足一万元的，并处五万元以上十万元以下罚款；依法对食品检验机构直接负责的主管人员和食品检验人员给予撤职或者开除处分；导致发生重大食品安全事故的，对直接负责的主管人员和食品检验人员给予开除处分。

违反本法规定，受到开除处分的食品检验机构人员，自处分决定作出之日起十年内不得从事食品检验工作；因食品安全违法行为受到刑事处罚或者因出具虚假检验报告导致发生重大食品安全事故受到开除处分的食品检验机构人员，终身不得从事食品检验工作。食品检验机构聘用不得从事食品检验工作的人员的，由授予其资质的主管部门或者机构撤销该食品检验机构的检验资质。

食品检验机构出具虚假检验报告，使消费者的合法权益受到损害的，应当与食品生产经营者承担连带责任。

第一百三十九条 违反本法规定，认证机构出具虚假认证结论，由认证认可监督管理部门没收所收取的认证费用，并处认证费用五倍以上十倍以下罚款，认证费用不足一万元的，并处五万元以上十万元以下罚款；情节严重的，责令停业，直至撤销认证机构批准文件，并向社会公布；对直接负责的主管人员和负有直接责任的认证人员，撤销其执业资格。

认证机构出具虚假认证结论，使消费者的合法权益受到损害的，应当与食品生产经营者承担连带责任。

6.重拳整治虚假广告

发布食品虚假广告要受罚，广告经营者、发布者承担连带责任。社会团体或其他组织、个人在虚假广告或其他虚假宣传中向消费者推荐食品的，承担连带责任。

第一百四十条 违反本法规定，在广告中对食品作虚假宣传，欺骗消费者，或者发布未取得批准文件、广告内容与批准文件不一致的保健食品广告的，依照《中华人民共和国广告法》的规定给予处罚。

广告经营者、发布者设计、制作、发布虚假食品广告，使消费者的合法权益受到损害的，应当与食品生产经营者承担连带责任。

社会团体或者其他组织、个人在虚假广告或者其他虚假宣传中向消费者推荐食品，使消费者的合法权益受到损害的，应当与食品生产经营者承担连带责任。

违反本法规定，食品安全监督管理等部门、食品检验机构、食品行业协会以广告或者其他形式向消费者推荐食品，消费者组织以收取费用或者其他牟取利益的方式向消费者推荐食品的，由有关主管部门没收违法所得，依法对直接负责的主管人员和其他直接责任人员给予记大过、降级或者撤职处分；情节严重的，给予开除处分。

对食品作虚假宣传且情节严重的，由省级以上人民政府食品安全监督管理部门决定暂停销售该食品，并向社会公布；仍然销售该食品的，由县级以上人民政府食品安全监督管理部门没收违法所得和违法销售的食品，并处二万元以上五万元以下罚款。

第一百四十一条 违反本法规定，编造、散布虚假食品安全信息，构成违反治安管理行为的，由公安机关依法给予治安管理处罚。

媒体编造、散布虚假食品安全信息的，由有关主管部门依法给予处罚，并对直接负责的主管人员和其他直接责任人员给予处分；使公民、法人或者其他组织的合法权益受到损害的，依法承担消除影响、恢复名誉、赔偿损失、赔礼道歉等民事责任。

7.剧毒、高毒农药有禁区

禁止将剧毒、高毒农药用于蔬菜、瓜果、茶叶和中草药材等国家规定的农作物。国家对农药的使用实行严格的管理制度，加快淘汰剧毒、高毒、高残留农药，推动替代产品的研发和应用，鼓励使用高效低毒低残留农药。

第四十九条 食用农产品生产者应当按照食品安全标准和国家有关规定使用农药、肥料、兽药、饲料和饲料添加剂等农业投入品，严格执行农业投入品使用安全间隔期或者休药期的规定，不得使用国家明令禁止的农业投入品。禁止将剧毒、高毒农药用于蔬菜、瓜果、茶叶和中草药材等国家规定的农作物。

8.网络食品交易第三方平台提供者应当对入网食品经营者进行实名登记

消费者合法权益受到损害的，可以向入网食品经营者或者食品生产者要求赔偿。网络食品交易第三方平台提供者不能提供入网食品经营者的真实名称、地址和有效联系方式的，由网络食品交易第三方平台提供者赔偿。

第一百三十一条 违反本法规定，网络食品交易第三方平台提供者未对入网食品经营者进行实名登记、审查许可证，或者未履行报告、停止提供网络交易平台服务等义务的，由县级以上人民政府食品安全监督管理部门责令改正，没收违法所得，并处五万元以上二十万元以下罚款；造成严重后果的，责令停业，直至由原发证部门吊销许可证；使消费者的合法权益受到损害的，应当与食品经营者承担连带责任。

第四章

农业环境保护

第一节 保护耕地资源

耕地资源保护，是指在合理利用土地保持足够的耕地的同时，要保护提高耕地的质量，改良土壤，培育地力，提高其生产能力。

耕地资源保护

《中华人民共和国环境保护法》

第二十九条 国家在重点生态功能区、生态环境敏感区和脆弱区等区域划定生态保护红线，实行严格保护。

各级人民政府对具有代表性的各种类型的自然生态系统区域，珍稀、濒危的野生动植物自然分布区域，重要的水源涵养区域，具有重大科学文化价值的地质构造、著名溶洞和化石分布区、冰川、火山、温泉等自然遗迹，以及人文遗迹、古树名木，应当采取措施予以保护，严禁破坏。

第三十三条 各级人民政府应当加强对农业环境的保护，促进农业环境保护新技术的使用，加强对农业污染源的监测预警，统筹有关部门采取措施，防治土壤污染和土地沙化、盐渍化、贫瘠化、石漠化、地面沉降以及防治植被破坏、水土流失、水体富营养化、水源枯竭、种源灭绝等生态失调现象，推广植物病虫害的综合防治。

县级、乡级人民政府应当提高农村环境保护公共服务水平，推动农村环境综合整治。

第四十九条 各级人民政府及其农业等有关部门和机构应当指导农业生产经营者科学种植和养殖，科学合理施用农药、化肥等农业投入品，科学处置农用薄膜、农作物秸秆等农业废弃物，防止农业面源污染。

禁止将不符合农用标准和环境保护标准的固体废物、废水施入农田。施用农药、化肥等农业投入品及进行灌溉，应当采取措施，防止重金属和其他有毒有害物质污染环境。

畜禽养殖场、养殖小区、定点屠宰企业等的选址、建设和管理应当符合有关法律法规规定。从事畜禽养殖和屠宰的单位和个人应当采取措施，对畜禽粪便、尸体和污水等废弃物进行科学处置，防止污染环境。

县级人民政府负责组织农村生活废弃物的处置工作。

占用耕地补偿制度

《中华人民共和国土地管理法》

第三十条　国家保护耕地，严格控制耕地转为非耕地。

国家实行占用耕地补偿制度。非农业建设经批准占用耕地的，按照“占多少，垦多少”的原则，由占用耕地的单位负责开垦与所占用耕地的数量和质量相当的耕地；没有条件开垦或者开垦的耕地不符合要求的，应当按照省、自治区、直辖市的规定缴纳耕地开垦费，专款用于开垦新的耕地。

省、自治区、直辖市人民政府应当制定开垦耕地计划，监督占用耕地的单位按照计划开垦耕地或者按照计划组织开垦耕地，并进行验收。

第四十三条　因挖损、塌陷、压占等造成土地破坏，用地单位和个人应当按照国家有关规定负责复垦；没有条件复垦或者复垦不符合要求的，应当缴纳土地复垦费，专项用于土地复垦。复垦的土地应当优先用于农业。

严守耕地保护红线

《中华人民共和国土地管理法实施条例》

第十二条　国家对耕地实行特殊保护，严守耕地保护红线，严格控制耕地转为林地、草地、园地等其他农用地，并建立耕地保护补偿制度，具体办法和耕地保护补偿实施步骤由国务院自然资源主管部门会同有关部门规定。

非农业建设必须节约使用土地，可以利用荒地的，不得占用耕地；可以利用劣地的，不得占用好地。禁止占用耕地建窑、建坟或者擅自在耕地上建房、挖砂、采石、采矿、取土等。禁止占用永久基本农田发展林果业和挖塘养鱼。

耕地应当优先用于粮食和棉、油、糖、蔬菜等农产品生产。按照国家有关规定需要将耕地转为林地、草地、园地等其他农用地的，应当优先使用难以长期稳定利用的耕地。

《中华人民共和国矿产资源法》

第三十二条　开采矿产资源，必须遵守有关环境保护的法律规定，防止污染环境。

开采矿产资源，应当节约用地。耕地、草原、林地因采矿受到破坏的，矿山企业应当因地制宜地采取复垦利用、植树种草或者其他利用措施。

开采矿产资源给他人生产、生活造成损失的，应当负责赔偿，并采取必要的补救措施。

对基本农田保护的措施

《基本农田保护条例》

第十条 下列耕地应当划入基本农田保护区,严格管理:

(一)经国务院有关主管部门或者县级以上地方人民政府批准确定的粮、棉、油生产基地内的耕地;

(二)有良好的水利与水土保持设施的耕地,正在实施改造计划以及可以改造的中、低产田;

(三)蔬菜生产基地;

(四)农业科研、教学试验田。

根据土地利用总体规划,铁路、公路等交通沿线,城市和村庄、集镇建设用地区周边的耕地,应当优先划入基本农田保护区;需要退耕还林、还牧、还湖的耕地,不应当划入基本农田保护区。

第十七条 禁止任何单位和个人在基本农田保护区内建窑、建房、建坟、挖砂、采石、采矿、取土、堆放固体废弃物或者进行其他破坏基本农田的活动。

禁止任何单位和个人占用基本农田发展林果业和挖塘养鱼。

第二节 保护水资源

水是构成自然环境的基本要素,是人类生活离不开的资源。水资源,是指地表水和地下水。

我国水资源短缺,时空分布不均,因此应当在统一规划的前提下,节约和保护水资源,实现水资源的可持续利用,适应国民经济和社会发展的需要。国家出台了《中华人民共和国水法》,对重要原则问题作出了规定。

水资源规划与利用

第十四条 国家制定全国水资源战略规划。

开发、利用、节约、保护水资源和防治水害,应当按照流域、区域统一制定规划。规划分为流域规划和区域规划。流域规划包括流域综合规划和流域专业规划;区域规划包括区域综合规划和区域专业规划。

前款所称综合规划,是指根据经济社会发展需要和水资源开发利用现状编制的开发、利用、节约、保护水资源和防治水害的总体部署。前款所称专业规划，是指防洪、治涝、灌溉、航运、供水、水力发电、竹木流放、渔业、水资源保护、水土保持、防沙治沙、节约用水等规划。

第二十一条 开发、利用水资源，应当首先满足城乡居民生活用水，并兼顾农业、工业、生态环境用水以及航运等需要。

在干旱和半干旱地区开发、利用水资源，应当充分考虑生态环境用水需要。

第二十五条 地方各级人民政府应当加强对灌溉、排涝、水土保持工作的领导，促进农业生产发展；在容易发生盐碱化和渍害的地区，应当采取措施，控制和降低地下水的水位。

农村集体经济组织或者其成员依法在本集体经济组织所有的集体土地或者承包土地上投资兴建水工程设施的，按照谁投资建设谁管理和谁受益的原则，对水工程设施及其蓄水进行管理和合理使用。

农村集体经济组织修建水库应当经县级以上地方人民政府水行政主管部门批准。

水资源保护与节约

水是可再生的资源，应考虑既满足防洪、灌溉、发电、供水、航运、水生生物、旅游等方面的需要，又满足生态环境的需要。

第三十五条 从事工程建设，占用农业灌溉水源、灌排工程设施，或者对原有灌溉用水、供水水源有不利影响的，建设单位应当采取相应的补救措施；造成损失的，依法给予补偿。

第三十六条 在地下水超采地区，县级以上地方人民政府应当采取措施，严格控制开采地下水。在地下水严重超采地区，经省、自治区、直辖市人民政府批准，可以划定地下水禁止开采或者限制开采区。在沿海地区开采地下水，应当经过科学论证，并采取措施，防止地面沉降和海水入侵。

第三十七条 禁止在江河、湖泊、水库、运河、渠道内弃置、堆放阻碍行洪的物体和种植阻碍行洪的林木及高秆作物。

禁止在河道管理范围内建设妨碍行洪的建筑物、构筑物以及从事影响河势稳定、危害河岸堤防安全和其他妨碍河道行洪的活动。

第三节　保护矿产资源

矿产资源，是指可以用于生产和生活，在地壳中或地表某处聚集起来的、具有开采价值的矿物。它是人类赖以生存和发展的重要物质基础，又是人类可以利用但又不可再生的自然资源。

矿产资源包括呈固体、液体、气体状态的各种金属矿产、非金属矿产、燃料矿产、地下热能等。我国矿产资源丰富，是世界上矿产种类比较齐全的国家之一，已探明储量的矿种有 136 种。矿产资源必须合理利用，有效保护。

《中华人民共和国矿产资源法》

第三条　矿产资源属于国家所有，由国务院行使国家对矿产资源的所有权。地表或者地下的矿产资源的国家所有权，不因其所依附的土地的所有权或者使用权的不同而改变。

国家保障矿产资源的合理开发利用。禁止任何组织或者个人用任何手段侵占或者破坏矿产资源。各级人民政府必须加强矿产资源的保护工作。

勘查、开采矿产资源，必须依法分别申请、经批准取得探矿权、采矿权，并办理登记；但是，已经依法申请取得采矿权的矿山企业在划定的矿区范围内为本企业的生产而进行的勘查除外。国家保护探矿权和采矿权不受侵犯，保障矿区和勘查作业区的生产秩序、工作秩序不受影响和破坏。

从事矿产资源勘查和开采的，必须符合规定的资质条件。

第十二条　国家对矿产资源勘查实行统一的区块登记管理制度。矿产资源勘查登记工作，由国务院地质矿产主管部门负责；特定矿种的矿产资源勘查登记工作，可以由国务院授权有关主管部门负责。矿产资源勘查区块登记管理办法由国务院制定。

第三十二条　开采矿产资源，必须遵守有关环境保护的法律规定，防止污染环境。

开采矿产资源，应当节约用地。耕地、草原、林地因采矿受到破坏的，矿山企业应当因地制宜地采取复垦利用、植树种草或者其他利用措施。

开采矿产资源给他人生产、生活造成损失的，应当负责赔偿，并采取必要的补救措施。

第四节 保护森林资源

森林资源,包括林地以及林区内野生的植物和动物资源。我国森林资源较少,分布不均匀,东北较多,西南等边远地区极少。毁林开垦、乱砍滥伐的后果是水土流失、沙漠化、生态环境被破坏,对人类的危害极其严重,因此保护好森林资源具有重要意义。

《中华人民共和国森林法》

第一条 为了践行绿水青山就是金山银山理念,保护、培育和合理利用森林资源,加快国土绿化,保障森林生态安全,建设生态文明,实现人与自然和谐共生,制定本法。

第十条 植树造林、保护森林,是公民应尽的义务。各级人民政府应当组织开展全民义务植树活动。

每年三月十二日为植树节。

第三十九条 禁止毁林开垦、采石、采砂、采土以及其他毁坏林木和林地的行为。

禁止向林地排放重金属或者其他有毒有害物质含量超标的污水、污泥,以及可能造成林地污染的清淤底泥、尾矿、矿渣等。

禁止在幼林地砍柴、毁苗、放牧。

禁止擅自移动或者损坏森林保护标志。

第四十二条 国家统筹城乡造林绿化,开展大规模国土绿化行动,绿化美化城乡,推动森林城市建设,促进乡村振兴,建设美丽家园。

第五十六条 采伐林地上的林木应当申请采伐许可证,并按照采伐许可证的规定进行采伐;采伐自然保护区以外的竹林,不需要申请采伐许可证,但应当符合林木采伐技术规程。

农村居民采伐自留地和房前屋后个人所有的零星林木,不需要申请采伐许可证。

非林地上的农田防护林、防风固沙林、护路林、护岸护堤林和城镇林木等的更新采伐,由有关主管部门按照有关规定管理。

采挖移植林木按照采伐林木管理。具体办法由国务院林业主管部门制定。

禁止伪造、变造、买卖、租借采伐许可证。

第七十四条 违反本法规定,进行开垦、采石、采砂、采土或者其他活动,造成林木毁坏的,由县级以上人民政府林业主管部门责令停止违法行为,限期在原地或者异地补种毁坏株数一倍以上三倍以下的树木，可以处毁坏林木价值五倍以下的罚款；造成林地毁坏的，由县级以上人民政府林业主管部门责令停止违法行为，限期恢复植被和林业生产条件，可以处恢复植被和林业生产条件所需费用三倍以下的罚款。

违反本法规定，在幼林地砍柴、毁苗、放牧造成林木毁坏的，由县级以上人民政府林业主管部门责令停止违法行为，限期在原地或者异地补种毁坏株数一倍以上三倍以下的树木。

向林地排放重金属或者其他有毒有害物质含量超标的污水、污泥，以及可能造成林地污染的清淤底泥、尾矿、矿渣等的，依照《中华人民共和国土壤污染防治法》的有关规定处罚。

第五节　保护草原资源

草原是指生长在温带气候半干旱、半湿润的地区，以旱生多年生草本植物为主体的植物群落，能够用作放牧和割草的场地。包括天然草场、人工改良草场、放牧场、打草场和草籽繁殖地。

草原资源对我国社会主义经济建设的发展起着重要作用，为了实现草原资源的永续利用，必须重视对草原资源的保护。

《中华人民共和国草原法》

第九条　草原属于国家所有，由法律规定属于集体所有的除外。国家所有的草原，由国务院代表国家行使所有权。

任何单位或者个人不得侵占、买卖或者以其他形式非法转让草原。

第二十六条　县级以上人民政府应当增加草原建设的投入，支持草原建设。

国家鼓励单位和个人投资建设草原，按照谁投资、谁受益的原则保护草原投资建设者的合法权益。

第三十三条　草原承包经营者应当合理利用草原，不得超过草原行政主管部门核定的载畜量；草原承包经营者应当采取种植和储备饲草饲料、增加饲草饲料供应量、调剂处理牲畜、优化畜群结构、提高出栏率等措施，保持草畜平衡。

草原载畜量标准和草畜平衡管理办法由国务院草原行政主管部门规定。

第四十六条　禁止开垦草原。对水土流失严重、有沙化趋势、需要改善生态环境的已垦草原，应当有计划、有步骤地退耕还草；已造成沙化、盐碱化、石漠化的，应当限期治理。

第四十七条 对严重退化、沙化、盐碱化、石漠化的草原和生态脆弱区的草原，实行禁牧、休牧制度。

第四十九条 禁止在荒漠、半荒漠和严重退化、沙化、盐碱化、石漠化、水土流失的草原以及生态脆弱区的草原上采挖植物和从事破坏草原植被的其他活动。

第五十条 在草原上从事采土、采砂、采石等作业活动，应当报县级人民政府草原行政主管部门批准；开采矿产资源的，并应当依法办理有关手续。

经批准在草原上从事本条第一款所列活动的，应当在规定的时间、区域内，按照准许的采挖方式作业，并采取保护草原植被的措施。

在他人使用的草原上从事本条第一款所列活动的，还应当事先征得草原使用者的同意。

第五十三条 草原防火工作贯彻预防为主、防消结合的方针。

各级人民政府应当建立草原防火责任制，规定草原防火期，制定草原防火扑火预案，切实做好草原火灾的预防和扑救工作。

第六节 保护野生动物、植物资源

野生动物，是指非人工驯养的，生存于自然界的哺乳动物、鸟类、爬行动物、两栖动物、鱼类、软体动物、昆虫、腔肠动物等。我国是世界上野生动物种类最多的国家，约占世界动物总种数的12%。必须加强对野生动物的保护，特别是对珍贵、濒危野生动物的保护。我国特有或主要分布在我国的野生动物有熊猫、金丝猴、羚牛和扬子鳄等。

野生植物，是指自然生长的被子植物、裸子植物和蕨类植物。其中稀有、渐危、濒危的种类，称为珍稀野生植物。据统计，我国高等植物就有3万多种，木本植物有7000多种，共约占世界总数的10%。不少植物为我国独有，如金钱松、水松、珙桐和杜仲等。

《中华人民共和国野生动物保护法》

第六条 任何组织和个人有保护野生动物及其栖息地的义务。禁止违法猎捕、运输、交易野生动物，禁止破坏野生动物栖息地。

社会公众应当增强保护野生动物和维护公共卫生安全的意识，防止野生动物源性传染病传播，抵制违法食用野生动物，养成文明健康的生活方式。

任何组织和个人有权举报违反本法的行为，接到举报的县级以上人民政府野生动物保护主管部门和其他有关部门应当及时依法处理。

第十二条 国务院野生动物保护主管部门应当会同国务院有关部门，根据野生动物及其栖息地状况的调查、监测和评估结果，确定并发布野生动物重要栖息地名录。

省级以上人民政府依法将野生动物重要栖息地划入国家公园、自然保护区等自然保护地，保护、恢复和改善野生动物生存环境。对不具备划定自然保护地条件的，县级以上人民政府可以采取划定禁猎（渔）区、规定禁猎（渔）期等措施予以保护。

禁止或者限制在自然保护地内引入外来物种、营造单一纯林、过量施洒农药等人为干扰、威胁野生动物生息繁衍的行为。

自然保护地依照有关法律法规的规定划定和管理，野生动物保护主管部门依法加强对野生动物及其栖息地的保护。

《中华人民共和国森林法》

第三十一条 国家在不同自然地带的典型森林生态地区、珍贵动物和植物生长繁殖的林区、天然热带雨林区和具有特殊保护价值的其他天然林区，建立以国家公园为主体的自然保护地体系，加强保护管理。

国家支持生态脆弱地区森林资源的保护修复。

县级以上人民政府应当采取措施对具有特殊价值的野生植物资源予以保护。

第五章

农业生态保护

第一节　规范水产养殖用投入品使用

2021年，农业农村部发布《农业农村部关于加强水产养殖用投入品监管的通知》（本节简称《通知》），指导地方农业农村（畜牧兽医、渔业）部门，进一步加大对生产、进口、经营和使用假、劣水产养殖用兽药、饲料和饲料添加剂等违法行为的打击力度，全面开展3年整治，着力整顿相关产品生产、经营和使用秩序。

出台的背景和意义

水产养殖用投入品，如兽药、饲料和饲料添加剂，是水产养殖中重要的生产资料。这些产品的质量关系到水产养殖业健康发展，更关系到养殖水产品质量安全以及食品安全、生态安全。一直以来，农业农村部高度重视水产养殖用投入品监管问题，坚持依法强化相关产品生产、经营和使用等环节的监督执法，加强产地水产品兽药残留监控，严厉打击相关违法行为，确保广大人民群众消费养殖水产品的舌尖上的安全。但近年来有部分企业故意以“非药品”“动保产品”等名义，将应按照兽药、饲料和饲料添加剂管理的产品“改头换面”，规避政府监管，有的产品掺杂使假，造成养殖水产品的质量安全隐患和环境问题。

农业农村部在深入调查和征求各方意见基础上，研究制定、下发了《通知》，主要目的是进一步明确水产养殖用投入品内涵和监管范围，明确地方农业农村（畜牧兽医、渔业）部门的监管职责，部署开展3年整治行动，打击相关违法活动，整治市场秩序，规范投入品使用，确保养殖水产品质量安全。

准确把握水产养殖用兽药、饲料和饲料添加剂含义

各级地方农业农村（畜牧兽医、渔业）主管部门要准确把握水产养殖用兽药、饲料和饲料添加剂的含义及管理范畴，依法履行监管职责。依照《兽药管理条例》第七十二条规定，用于预防、治疗、诊断水产养殖动物疾病或者有目的地调节水产养殖动物生理机能的物质，主要包括血清制品、疫苗、诊断制品、微生态制品、中药材、中成药、化学药品、抗生素、生化药品、放射性药品及外用杀虫剂、消毒剂等，应按兽药监督管理。依照《饲料和饲料添加剂管理条例》第二条规定，经工业化加工、制作的供水产养殖动物食用的产品，包括单一饲料、添加剂预混合饲料、浓缩饲料、配合饲料和精料补充料，应按饲料监督管理；在水产养殖用饲料加工、制作、使用过程中添加的少量或者微量物质，包括

营养性饲料添加剂和一般饲料添加剂，应按饲料添加剂监督管理。各地对无法界定的相关产品，应及时向上级主管部门请求明确。

强化水产养殖用兽药、饲料和饲料添加剂等投入品管理

各地要依法加强对水产养殖用兽药、饲料和饲料添加剂的生产、进口、经营和使用等环节的管理，压实属地责任，形成监管合力。水产养殖用投入品，应当按照兽药、饲料和饲料添加剂管理的，无论冠以“××剂”的名称，均应依法取得相应生产许可证和产品批准文号，方可生产、经营和使用。水产养殖用兽药的研制、生产、进口、经营、发布广告和使用等行为，应严格依照《兽药管理条例》监督管理。未经审查批准，不得生产、进口、经营水产养殖用兽药和发布水产养殖用兽药广告。市售所谓“水质改良剂”“底质改良剂”“微生态制剂”等产品中，用于预防、治疗、诊断水产养殖动物疾病或者有目的地调节水产养殖动物生理机能的，应按照兽药监督管理。禁止生产、进口、经营和使用假、劣水产养殖用兽药，禁止使用禁用药品及其他化合物、停用兽药、人用药和原料药。水产养殖用饲料和饲料添加剂的审定、登记、生产、经营和使用等行为，应严格按照《饲料和饲料添加剂管理条例》监督管理。依照《农药管理条例》有关规定，水产养殖中禁止使用农药。

整治水产养殖用兽药、饲料和饲料添加剂相关违法行为

农业农村部决定2021—2023年连续三年开展水产养殖用兽药、饲料和饲料添加剂相关违法行为的专项整治，各级地方农业农村（畜牧兽医、渔业）主管部门要将专项整治列入重点工作，落实责任，常抓不懈。县级以上地方农业农村（畜牧兽医、渔业）主管部门要设立有奖举报电话，加大对生产、进口、经营和使用假、劣水产养殖用兽药，未取得许可证明文件的水产养殖用饲料、饲料添加剂，以及使用禁用药品及其他化合物、停用兽药、人用药、原料药和农药等违法行为的打击力度，重点查处故意以所谓“非药品”“动保产品”“水质改良剂”“底质改良剂”“微生态制剂”等名义生产、经营和使用假兽药，逃避兽药监管的违法行为。县级以上地方农业农村（畜牧兽医、渔业）主管部门以及农业综合执法机构、渔政执法机构要依法、依职能，对生产、进口、经营和使用假、劣水产养殖用兽药，以及未取得许可证明文件的水产养殖用饲料、饲料添加剂，使用禁用药品及其他化合物、停用兽药、人用药、原料药和农药等违法行为实施行政处罚，涉嫌违法犯罪的，依法移送司法机关处理。各地要强化对专项整治工作的监督和考核，农业农村部将对各地工作情况进行督导检查。

提升普法宣传教育和行政审批服务水平

县级以上地方农业农村(畜牧兽医、渔业)主管部门,要积极为兽药、饲料和饲料添加剂生产、经营企业在相关行政审批业务,以及水产养殖者在规范使用兽药、饲料和饲料添加剂等方面提供服务,优化审批流程,引导其规范生产、经营和使用。要进一步加强法律普及和政策宣传工作,地方相关行政管理人员应准确把握兽药含义,不被部分生产者宣传的所谓"非药品""动保产品""水质改良剂""底质改良剂""微生态制剂"等名称蒙蔽。要在兽药、饲料和饲料添加剂生产(进口)企业、经营门店和水产养殖场等场所广泛开展宣传。教育相关企业不生产、进口和经营假、劣水产养殖用兽药,以及未取得许可证明文件的水产养殖用饲料和饲料添加剂。教育养殖者应使用国家批准的水产养殖用兽药、饲料和饲料添加剂,使用自行配制饲料严格遵守国务院农业农村主管部门制定的自行配制饲料使用规范。教育养殖者应认准兽药标签上的兽药产品批准文号(进口兽药注册证书号)和二维码标识,饲料和饲料添加剂的产品标签、生产许可证、质量标准、质量检验合格证等信息,拒绝购买和使用禁用药品及其他化合物,停用兽药,假、劣兽药,人用药,原料药,农药和未赋兽药二维码的兽药,以及禁用的、无产品标签等信息的饲料和饲料添加剂。相关行业协会要加强行业自律,教育相关企业杜绝生产假、劣兽药等违法行为,依法科学规范生产、销售和使用水产养殖用投入品。

水产养殖用投入品使用白名单制度

合法与非法水产养殖用投入品黑白分明,投入品从来没有"不白不黑"的"灰色地带"。水产养殖用投入品涉及食品和生态安全,其技术要求依法应当制定强制性国家标准,并依法按照强制性国家标准生产。农业农村部依照相关法律法规对兽药、饲料和饲料添加剂进行审批,通过安全性评价、临床(或稳定性)试验等一系列法定程序,验证相关产品安全、稳定、有效和环保性等要求,产品质量符合国家强制性标准,才批准其产品生产。但是,目前市场上一些号称可用于水产养殖的产品,其生产企业仅有自行声明的产品企业标准,未经过农业农村部的安全性评价和临床(或稳定性)试验,无法确认其产品安全、有效和环保性,无国家强制性标准可依,养殖生产、产品质量和环境风险都存在不确定性。

农业农村部试行水产养殖用投入品使用白名单制度,主要目的就是引导水产养殖者依法规范使用农业农村部批准的水产养殖用投入品(即白名单内投入品),拒绝购买使用无法确保安全、有效和环保的其他产品。地方农业农村(渔业)部门一旦发现养殖者使用白名单以外的投入品,要依法进行查处,涉嫌犯罪的移交司法部门追究刑事责任。另外,还要公开发布其养殖产品的质量安全风险隐患警示信息。经调查发现,养殖者使用白名单以外的投入品行为，并未违反现行法律法规的，仍公开发布质量安全风险隐患警示信息。通过依法查处、公开警示、教育宣传和社会监督等一系列措施，让广大水产养殖者只能购买使用正规水产养殖用兽药、饲料和饲料添加剂，逐步杜绝购买使用其他未批准产品，真正做到规范使用投入品。同时，推动正规水产养殖用兽药、饲料和饲料添加剂占领市场。

2021 年 5 月，农业农村部制定了《实施水产养殖用投入品使用白名单制度工作规范（试行）》，说明如何查询水产养殖用投入品白名单内产品信息，规定《养殖水产品质量安全风险隐患警示信息公示（基本格式）》，以及信息公示有关工作要求，指导地方农业农村（渔业）部门和企业规范使用白名单投入品。

第二节　农用薄膜管理办法

农用薄膜是重要的农业生产资料。我国农用薄膜覆盖面积大、应用范围广，在增加农作物产量、提高品质、丰富农产品供给等方面发挥了重要作用；但部分地区农用薄膜残留污染严重，成为制约农业绿色发展的突出环境问题。2020 年，农业农村部、工业和信息化部、生态环境部、市场监管总局联合印发了《农用薄膜管理办法》。

生产、销售和使用

第七条　农用薄膜生产者应当落实国家关于农用薄膜行业规范的要求，执行农用薄膜相关标准，确保产品质量。

第十条　出厂销售的农用薄膜产品应当依法附具产品质量检验合格证，标明推荐使用时间等内容。

农用薄膜应当在合格证明显位置标注“使用后请回收利用，减少环境污染”中文字样。全生物降解农用薄膜应当在合格证明显位置标注“全生物降解薄膜，注意使用条件”中文字样。

第十二条　农用薄膜使用者应当按照产品标签标注的期限使用农用薄膜。农业生产企业、农民专业合作社等使用者应当依法建立农用薄膜使用记录，如实记录使用时间、地点、对象以及农用薄膜名称、用量、生产者、销售者等内容。农用薄膜使用记录应当至少保存两年。

回收和再利用

第十五条 农用薄膜使用者应当在使用期限到期前捡拾田间的非全生物降解农用薄膜废弃物，交至回收网点或回收工作者，不得随意弃置、掩埋或者焚烧。

第十六条 农用薄膜生产者、销售者、回收网点、废旧农用薄膜回收再利用企业或其他组织等应当开展合作，采取多种方式，建立健全农用薄膜回收利用体系，推动废旧农用薄膜回收、处理和再利用。

第二十条 农用薄膜回收再利用企业应当依法做好回收再利用厂区和周边环境的环境保护工作，避免二次污染。

监督检查

第二十一条 建立农用薄膜残留监测制度，县级以上地方人民政府农业农村主管部门应当定期开展本行政区域的农用薄膜残留监测。

第二十三条 生产、销售农用薄膜不符合强制性国家标准的，依照《中华人民共和国产品质量法》等法律、行政法规的规定查处，依法依规记入信用记录并予以公示。

政府招标采购的农用薄膜应当符合强制性国家标准，依法限制失信企业参与政府招标采购。

第三节 畜禽养殖粪污资源化利用

2020 年，农业农村部办公厅、生态环境部办公厅联合印发《关于进一步明确畜禽粪污还田利用要求强化养殖污染监管的通知》(本节简称《通知》)。农业农村部畜牧兽医局、生态环境部土壤生态环境司负责同志围绕《通知》相关问题进行了解读。

出台的意义

畜禽粪肥还田利用是解决畜禽养殖污染问题的根本出路，也是治本之策。以农用有机肥为主要利用方向，强化政策支持引导，加强实用技术推广，推动建立市场化机制，畜禽粪肥还田利用取得了阶段性成效。但是，我国种养主体分离，种地的不养猪，养猪的不种地，种养不匹配的问题普遍存在，畜禽粪肥还田利用“最后一公里”还没有完全打通。2019 年 12 月，农业农村部办公厅、生态环境部办公厅联合印发了《关于促进畜禽粪污还田利用加强养殖污染治理的指导意见》，鼓励指导各地加快推进畜禽粪污资源化利用，畅通粪污还田渠道，加快畜禽养殖污染防治从重达标排放向重全量利用转变。为进一步明确粪污还田利用适用标准，落实养殖场户污染防治主体责任，强化畜禽养殖污染监管，切实提高畜禽养殖粪污资源化利用水平，制定了《通知》。

出台的总体考虑

一是党中央、国务院对畜禽废弃物资源化利用作出明确部署。近年来，我国畜牧业持续稳定发展，规模化养殖水平逐年提高，这保障了肉蛋奶稳定供给，但部分畜禽粪污没有得到有效处理和利用，成为农村环境治理的一大难题。党中央、国务院高度重视畜禽粪污资源化利用工作。2017 年 5 月，《国务院办公厅关于加快推进畜禽养殖废弃物资源化利用的意见》印发。为深入贯彻落实党中央、国务院决策部署，亟须进一步明确畜禽粪污还田利用要求，科学有序推进粪污资源化利用工作。

二是进一步规范畜禽粪污资源化利用工作的需要。畜禽粪污资源化利用是畜禽养殖业污染防治最为经济有效的途径。目前，我国畜禽粪污综合利用率达到 75%，规模养殖场粪污处理设施装备配套率达到 93%，畜禽粪污资源化利用的步伐明显加快，有力促进了畜牧业生产与环境保护协调发展。但由于缺乏统一规范要求，各地在推进畜禽粪污资源化利用过程中执行标准不一，资源化利用不当而导致环境污染的现象时有发生。《通知》进一步明确了畜禽粪污资源化利用应遵循的技术规范与标准，为进一步规范畜禽粪污资源化利用提供具体指导。

三是畅通粪污还田利用渠道的有力保障。目前，我国畜禽粪污还田利用标准不完善，监管体系不健全，实际工作中还存在一些误区。在执行标准方面，将液体粪污作为肥料利用和作为灌溉水利用混为一谈，常常要求液体粪污必须达到《农田灌溉水质标准》后才能农田利用，极大地阻碍了畜禽粪污还田利用。由于对畜禽粪污资源化利用缺乏明确的监管执法依据，地方管理部门更加倾向选择易于监管的治理方式，也不利于畜禽粪污资源化利用工作的开展。《通知》明确了畜禽粪污还田应执行的标准以及将粪污处理和粪肥利用台账作为监督执法的重要依据，为畅通粪污还田渠道、防范环境风险提供了有力保障。

主要内容

《通知》明确，国家鼓励畜禽粪污还田利用，支持养殖场（户）建设畜禽粪污处理和利用设施。已获得环评批复的规模养殖场如需由达标排放（含按农田灌溉水标准排放）变更为资源化利用（不含商业化沼气工程和商品有机肥生产），在项目竣工环保验收前变更的，按照非重大变动纳入竣工环境保护验收管理；在竣工环保验收后变更的，按照改建项目依法开展环评。

《通知》要求，畜禽粪污的处理应根据排放去向或利用方式的不同执行相应的标准规范。作为肥料利用应符合《畜禽粪便无害化处理技术规范》《畜禽粪便还田技术规范》《畜禽粪污土地承载力测算技术指南》；向环境排放的，应符合《畜禽养殖业污染物排放标准》和地方有关排放标准；用于农田灌溉的，应符合《农田灌溉水质标准》。

《通知》强调，各地要督促指导规模养殖场制定畜禽粪肥还田利用计划，推动建立畜禽粪污处理和粪肥利用台账。加强日常监测，严防还田环境风险。加快畜禽粪污资源化利用先进技术和装备研发，积极推广全量收集利用畜禽粪污、全量机械化施用等经济高效的粪污资源化利用技术模式。

养殖项目的粪污处理方式变更的环评程序

养殖项目的粪污处理方式变更，在环评管理中属于污染防治措施的变化，根据《中华人民共和国环境影响评价法》规定，这种变化属于重大变动的，应重新报批环评。2015 年 6 月，环境保护部出台了《关于印发环评管理中部分行业建设项目重大变动清单的通知》，进一步细化了对重大变动的界定原则，并明确不属于重大变动的纳入竣工环境保护验收管理。养殖项目粪污处理方式由处理达标排放或灌溉变更为还田、非商业化的沼气和有机肥制造等资源化利用，均有相关管理规定，总体环境影响有限，统筹考虑应按照非重大变动管理，纳入竣工环境保护验收管理。但是，变更为大规模的商业化沼气工程和商品有机肥生产，将可能产生较大的生态环境影响，应按照相应项目类型依法开展环境影响评价，报有审批权的部门审批。同时，项目验收后，养殖项目粪污处理方式发生变更的，应当视为新的改建项目，按照改建项目的分类依法开展环境影响评价。

畜禽粪污经无害化处理后还田利用的标准和要求

一是畜禽粪污无害化处理应符合《畜禽粪便无害化处理技术规范》。为确保畜禽粪污处理后作为粪肥安全利用，要求液体粪肥的蛔虫卵、钩虫卵、粪大肠菌群数、蚊子和苍蝇 4 项卫生学指标应符合《畜禽粪便无害化处理技术规范》规定的液体畜禽粪便厌氧处理卫生学要求。

二是畜禽粪污无害化处理后作为粪肥还田可参考《畜禽粪便还田技术规范》的施用方法，选择适宜的施用时间。畜禽粪污处理和畜禽粪肥施用过程中，应采取必要措施，减少养分损失，减轻环境影响。

三是畜禽粪污还田配套土地面积应符合《畜禽粪污土地承载力测算技术指南》要

求的面积。养殖场（户）应根据畜禽粪污所施农田的土壤状况、农林作物类型、种植制度等适时适量进行粪肥施用，合理确定畜禽粪肥施用量，不能过量施用畜禽粪肥。

畜禽粪污排放的标准和要求

粪污经处理后向环境排放应符合《畜禽养殖业污染物排放标准》和地方有关排放标准。养殖场（户）应根据不同工艺满足相应的最高允许排水量及最高允许日均排放浓度要求。必须设置废渣的固体贮存设施和场所，且要有防止粪液渗漏、溢流措施。用于直接还田的畜禽粪便，必须进行无害化处理，且符合相应卫生学指标。恶臭污染物排放应执行臭气浓度标准。用于农田灌溉的，应符合《农田灌溉水质标准》和地方制定的严于该标准的相关控制项目。

养殖场（户）应承担的责任

一是畜禽养殖场（户）应切实履行粪污收集处理利用和污染防治主体责任，采取措施，对畜禽粪污进行科学处理和资源化利用，防止污染环境。对于自行处理利用畜禽粪污的，应建设与养殖规模匹配的粪污无害化处理设施并确保其正常运行；对于委托第三方代为实现粪污无害化处理和资源化利用的，应配套粪污收集和暂存设施设备，确保粪污在第三方收集期间的存储容积。

二是畜禽规模养殖场应建设粪污无害化处理和资源化利用设施并确保其正常运行。粪污贮存设施总容积不得低于当地农林作物生产用肥的最大间隔时间内产生粪污的总量，配套土地面积不得小于《畜禽粪污土地承载力测算技术指南》要求的最小面积；对于配套土地面积不足的，应委托第三方代为实现粪污资源化利用。

三是规模养殖场应制定粪肥还田利用计划并建立台账。应提前确定粪肥还田利用计划，根据养殖规模明确配套农田面积、农田类型、种植制度、粪肥施用时间及使用量等。同时需建立粪污处理和粪肥利用台账，及时记录粪污日处理量和粪肥施用时间、施用量与施肥方式等，确保台账数据真实准确。

各级农业农村、生态环境部门应承担的责任

一是农业农村部门应加强畜禽粪污还田技术指导和服务，指导建设粪污资源化利用配套设施等。鼓励养殖场（户）全量收集和利用畜禽粪污，根据实际情况选择合理的输送和施用方式。因地制宜推行经济高效的粪污资源化利用技术模式，推广全量机械化施用。

二是农业农村部门应加强技术和装备支撑，包括畜禽粪污全量收集技术与装备，粪污高效输送、施用技术与装备的研发及推广，着力破除粪污资源化利用过程中的技术和成本障碍。

三是生态环境部门负责畜禽养殖污染防治的统一监督管理，应依据职责对畜禽养殖污染防治情况进行监督检查，并加强对畜禽养殖环境污染的监测。对于排放畜禽养殖废弃物不符合国家或地方污染物排放标准，或者未经无害化处理直接向环境排放畜禽养殖废弃物的，由县级以上生态环境部门依法作出处罚。

第六章

农村土地管理

第一节　中华人民共和国农村土地承包法

《中华人民共和国农村土地承包法》(本节简称《农村土地承包法》)是为了巩固和完善以家庭承包经营为基础、统分结合的双层经营体制,保持农村土地承包关系稳定并长久不变,维护农村土地承包经营当事人的合法权益,促进农业、农村经济发展和农村社会和谐稳定,根据宪法,制定的法律。

土地所有权、土地承包权、土地经营权“三权”分置

我国《宪法》规定,农村和城市郊区的土地,除由法律规定属于国家所有的以外,属于集体所有;宅基地和自留地、自留山,也属于集体所有。《中华人民共和国民法典》规定,农民集体所有的不动产和动产,属于本集体成员集体所有。《农村土地承包法》,对集体经济组织在土地发包、土地流转、土地经营权融资担保管理、土地用途管制、土地合理利用等方面的权利进一步细化。

1.土地所有权

土地所有权是土地所有者在法律规定的范围内,对其拥有的土地享有的占有、使用、收益和处分的权利,是一定社会形态下土地所有制的法律表现。新中国成立后,废除了土地私有制,经过社会主义改造和农业合作化,建立了两种所有制形式并存的社会主义土地公有制,并在法律上确认下来,形成了国家土地所有权和集体土地所有权。

第十三条　农民集体所有的土地依法属于村农民集体所有的,由村集体经济组织或者村民委员会发包;已经分别属于村内两个以上农村集体经济组织的农民集体所有的,由村内各该农村集体经济组织或者村民小组发包。村集体经济组织或者村民委员会发包的,不得改变村内各集体经济组织农民集体所有的土地的所有权。

国家所有依法由农民集体使用的农村土地,由使用该土地的农村集体经济组织、村民委员会或者村民小组发包。

第十四条　发包方享有下列权利:

(一)发包本集体所有的或者国家所有依法由本集体使用的农村土地;

(二)监督承包方依照承包合同约定的用途合理利用和保护土地;

(三)制止承包方损害承包地和农业资源的行为;

(四)法律、行政法规规定的其他权利。

第六十四条 土地经营权人擅自改变土地的农业用途、弃耕抛荒连续两年以上、给土地造成严重损害或者严重破坏土地生态环境，承包方在合理期限内不解除土地经营权流转合同的，发包方有权要求终止土地经营权流转合同。土地经营权人对土地和土地生态环境造成的损害应当予以赔偿。

2.土地承包权

土地承包权是承包地流转后从土地承包经营权中分置出来的，农户拥有土地承包权是农村基本经营制度的基础。在实践中，取得承包权有两个条件：具有本集体经济组织成员资格（成员属性）；与发包方签订了承包合同，获得了承包地（财产属性）。

第十七条 承包方享有下列权利：

（一）依法享有承包地使用、收益的权利，有权自主组织生产经营和处置产品；

（二）依法互换、转让土地承包经营权；

（三）依法流转土地经营权；

（四）承包地被依法征收、征用、占用的，有权依法获得相应的补偿；

（五）法律、行政法规规定的其他权利。

第二十七条 承包期内，发包方不得收回承包地。

国家保护进城农户的土地承包经营权。不得以退出土地承包经营权作为农户进城落户的条件。

承包期内，承包农户进城落户的，引导支持其按照自愿有偿原则依法在本集体经济组织内转让土地承包经营权或者将承包地交回发包方，也可以鼓励其流转土地经营权。

承包期内，承包方交回承包地或者发包方依法收回承包地时，承包方对其在承包地上投入而提高土地生产能力的，有权获得相应的补偿。

第三十条 承包期内，承包方可以自愿将承包地交回发包方。承包方自愿交回承包地的，可以获得合理补偿，但是应当提前半年以书面形式通知发包方。承包方在承包期内交回承包地的，在承包期内不得再要求承包土地。

第三十二条 承包人应得的承包收益，依照继承法的规定继承。

林地承包的承包人死亡，其继承人可以在承包期内继续承包。

第三十三条 承包方之间为方便耕种或者各自需要，可以对属于同一集体经济组织的土地的土地承包经营权进行互换，并向发包方备案。

第三十四条 经发包方同意，承包方可以将全部或者部分的土地承包经营权转让给本集体经济组织的其他农户，由该农户同发包方确立新的承包关系，原承包方与发包方在该土地上的承包关系即行终止。

第三十六条 承包方可以自主决定依法采取出租(转包)、入股或者其他方式向他人流转土地经营权,并向发包方备案。

3.土地经营权

承包方采用出租(转包)、入股等方式将承包地流转给第三方使用后,土地经营权转移。保障土地经营权人依法享有的合法权益,规范流转行为,是完善农村土地承包法律制度的一个重点,也是农村基本经营制度的与时俱进。

第三十七条 土地经营权人有权在合同约定的期限内占有农村土地,自主开展农业生产经营并取得收益。

第四十条 土地经营权流转,当事人双方应当签订书面流转合同。

土地经营权流转合同一般包括以下条款:

(一)双方当事人的姓名、住所;

(二)流转土地的名称、坐落、面积、质量等级;

(三)流转期限和起止日期;

(四)流转土地的用途;

(五)双方当事人的权利和义务;

(六)流转价款及支付方式;

(七)土地被依法征收、征用、占用时有关补偿费的归属;

(八)违约责任。

承包方将土地交由他人代耕不超过一年的,可以不签订书面合同。

第四十一条 土地经营权流转期限为五年以上的,当事人可以向登记机构申请土地经营权登记。未经登记,不得对抗善意第三人。

第四十二条 承包方不得单方解除土地经营权流转合同,但受让方有下列情形之一的除外:

(一)擅自改变土地的农业用途;

(二)弃耕抛荒连续两年以上;

(三)给土地造成严重损害或者严重破坏土地生态环境;

(四)其他严重违约行为。

第四十三条 经承包方同意,受让方可以依法投资改良土壤,建设农业生产附属、配套设施,并按照合同约定对其投资部分获得合理补偿。

第四十五条 县级以上地方人民政府应当建立工商企业等社会资本通过流转取得土地经营权的资格审查、项目审核和风险防范制度。

工商企业等社会资本通过流转取得土地经营权的,本集体经济组织可以收取适量管理费用。

具体办法由国务院农业农村、林业和草原主管部门规定。

第四十六条 经承包方书面同意，并向本集体经济组织备案，受让方可以再流转土地经营权。

第四十七条 承包方可以用承包地的土地经营权向金融机构融资担保，并向发包方备案。受让方通过流转取得的土地经营权，经承包方书面同意并向发包方备案，可以向金融机构融资担保。

担保物权自融资担保合同生效时设立。当事人可以向登记机构申请登记；未经登记，不得对抗善意第三人。

实现担保物权时，担保物权人有权就土地经营权优先受偿。

土地经营权融资担保办法由国务院有关部门规定。

农村土地承包关系保持稳定并长久不变

落实中央关于农村土地承包关系保持稳定并长久不变的决策，确保农村土地承包制度改革于法有据，是修改《农村土地承包法》要考虑的又一重要问题。

2008 年，党的十七届三中全会决定提出，赋予农民更加充分而有保障的土地承包经营权，现有土地承包关系要保持稳定并长久不变。2015 年，中共中央《关于加大改革创新力度加快农业现代化建设的若干意见》提出，抓紧修改农村土地承包方面的法律，明确现有土地承包关系保持稳定并长久不变的具体实现形式。土地承包关系从“长期稳定”到“长久不变”，目的是给土地承包经营权人稳定的经营预期，巩固和完善农村基本经营制度。

党的十九大报告提出，第二轮土地承包到期后再延长 30 年，新修正的《农村土地承包法》及时将这个重大决策转化为法律规范。这样规定，既体现土地承包关系稳定的主基调，又有利于处理坚持土地集体所有与保护农民财产权的关系，有利于处理土地承包制度稳定与完善的关系，有利于处理土地流转、适度规模经营与化解人地突出矛盾的关系。

耕地承包再延长 30 年，综合考量了土地适度规模和集约化经营、发展现代农业、城乡人口结构大变动的宏观背景和保障农民享有平等的土地权利等多种因素，符合农村实际。

第二十一条 耕地的承包期为三十年。草地的承包期为三十年至五十年。林地的承包期为三十年至七十年。

前款规定的耕地承包期届满后再延长三十年，草地、林地承包期届满后依照前款规定相应延长。

第二十二条 发包方应当与承包方签订书面承包合同。

承包合同一般包括以下条款：

（一）发包方、承包方的名称，发包方负责人和承包方代表的姓名、住所；

（二）承包土地的名称、坐落、面积、质量等级；

（三）承包期限和起止日期；

（四）承包土地的用途；

（五）发包方和承包方的权利和义务；

（六）违约责任。

第二十三条 承包合同自成立之日起生效。承包方自承包合同生效时取得土地承包经营权。

第二十四条 国家对耕地、林地和草地等实行统一登记，登记机构应当向承包方颁发土地承包经营权证或者林权证等证书，并登记造册，确认土地承包经营权。

土地承包经营权证或者林权证等证书应当将具有土地承包经营权的全部家庭成员列入。

登记机构除按规定收取证书工本费外，不得收取其他费用。

第二十五条 承包合同生效后，发包方不得因承办人或者负责人的变动而变更或者解除，也不得因集体经济组织的分立或者合并而变更或者解除。

第二十六条 国家机关及其工作人员不得利用职权干涉农村土地承包或者变更、解除承包合同。

维护进城落户农民的土地承包经营权

原《农村土地承包法》规定，承包期内，承包方全家迁入小城镇落户的，应当按照承包方的意愿，保留其土地承包经营权或者允许其依法进行土地承包经营权流转。承包期内，承包方全家迁入设区的市，转为非农业户口的，应当将承包的耕地和草地交回发包方。承包方不交回的，发包方可以收回承包的耕地和草地。

党的十八届五中全会决定提出，维护进城落户农民土地承包权、宅基地使用权、集体收益分配权，支持引导其依法自愿有偿转让上述权益。新修正的《农村土地承包法》按照党的十八届五中全会精神作了衔接。

2018 年，进城务工农民约有 2.8 亿人，其中 1.1 亿人在乡内务工，亦工亦农；1.7 亿人在乡外务工，离土离乡。近些年每年进城落户 1500 万 ~1600 万人。由于历史形成的城乡二元结构，城乡居民在经济权利实现上差别较大，农民形式上落户城市，但要完全融入城市将是长期的历史过程。进城务工落户农民在承包期内的土地承包经营权、宅基地使用权和集体收益分配权，是基于其集体经济组织成员身份享有的财产性权利，在农民落户就业还处于不稳定状态时，不能剥夺其享有的上述权利。

第二十七条 承包期内，发包方不得收回承包地。

国家保护进城农户的土地承包经营权。不得以退出土地承包经营权作为农户进城落户的条件。

承包期内，承包农户进城落户的，引导支持其按照自愿有偿原则依法在本集体经济组织内转让土地承包经营权或者将承包地交回发包方，也可以鼓励其流转土地经营权。

承包期内，承包方交回承包地或者发包方依法收回承包地时，承包方对其在承包地上投入而提高土地生产能力的，有权获得相应的补偿。

土地经营权可以融资担保

党的十八届三中全会决定提出，在坚持和完善最严格的耕地保护制度前提下，赋予农民对承包地占有、使用、收益、流转及承包经营权抵押、担保权能。2015 年 12 月 27 日，第十二届全国人民代表大会常务委员会第十八次会议决定，授权国务院在北京大兴区等 232 个试点县（市、区）行政区域，暂时调整实施《物权法》《担保法》关于集体所有的耕地使用权不得抵押的规定，至 2018 年 12 月 31 日试点结束。

以承包地的土地经营权作为融资担保标的物，是以承包人对承包地享有的占有、使用、收益和流转权利为基础的，满足用益物权可设定为融资担保标的物的法定条件。随着土地承包经营权确权登记、农村土地流转交易市场完善，将承包地的土地经营权纳入融资担保标的物范围水到渠成。以承包地的土地经营权为标的物设定担保，当债务人不能履行债务，债权人依法定程序处分担保物，只是转移了承包地的土地经营权，实质是使用权和收益权，土地承包权没有转移，承包地的集体所有性质也不因此改变。

第三方通过流转取得的土地经营权，经承包方书面同意并向发包方备案，也可以向金融机构融资担保。由于各方面对继受取得的土地经营权是物权还是债权有争议，是作为用益物权设定抵押，还是作为收益权进行权利质押，分歧很大。立法不陷入争论，以服务实践为目的，使用了土地经营权融资担保概念，这是抵押、质押的上位概念，将两种情形都包含进去，既保持与相关民法的一致性，又避免因性质之争影响立法进程。

第四十七条 承包方可以用承包地的土地经营权向金融机构融资担保，并向发包方备案。受让方通过流转取得的土地经营权，经承包方书面同意并向发包方备案，可以向金融机构融资担保。

担保物权自融资担保合同生效时设立。当事人可以向登记机构申请登记；未经登记，不得对抗善意第三人。

实现担保物权时，担保物权人有权就土地经营权优先受偿。

土地经营权融资担保办法由国务院有关部门规定。

承包经营权的入股权能

党的十八届三中全会决定提出，允许农民以承包经营权入股发展农业产业化经营。2014年11月，中共中央办公厅、国务院办公厅《关于引导农村土地经营权有序流转发展农业适度规模经营的意见》提出，引导农民以承包地入股组建土地股份合作组织，允许农民以承包经营权入股发展农业产业化经营。

对于农村土地承包经营权入股，原《农村土地承包法》是将家庭承包方式和“四荒地”招标、拍卖、公开协商承包方式分开处理的。对于家庭承包方式取得的承包地，原《农村土地承包法》将入股限定在承包方自愿联合从事农业合作生产的范围。对“四荒地”的土地承包经营权，原《农村土地承包法》规定可以采取入股方式流转。新修正的《农村土地承包法》增加了承包方可以采用入股的方式流转土地经营权的规定，但需向发包方备案。

承包地的土地经营权采取入股方式流转，与原《农村土地承包法》规定的土地承包经营权入股发展农业合作不同，前者宽泛，包括入股法人企业，后者是入股组建土地股份合作社；前者的治理结构可以是公司制，后者是股份合作制，是特殊的法人治理结构；承包地的土地经营权入股法人企业后，能处置的只是承包地的土地经营权，土地承包权仍归承包方，集体土地所有权也不改变。对此，新修正的《农村土地承包法》仅作原则性规定，给实践留出空间，以后总结经验并制定配套规定，同时注意与《公司法》等法律对接好。

第三十六条 承包方可以自主决定依法采取出租（转包）、入股或者其他方式向他人流转土地经营权，并向发包方备案。

第三十七条 土地经营权人有权在合同约定的期限内占有农村土地，自主开展农业生产经营并取得收益。

工商企业流转土地经营权的准入监管

近年来，一些工商企业投资农业，通过流转农民承包地，从事规模化经营，推动了农业结构调整，提高了农业生产力水平，但也出现借农业产业化经营之名行圈占农村土地之实，违法违规进行非农、非粮化建设，影响国家粮食安全和主要农产品供给的问题。对于工商企业进行农业产业化经营，一方面要鼓励，一方面要严格工商企业流转土地经营权的准入监管，总的要求是不得改变土地集体所有权性质、不得改变土地用途、不得损害农民土地承包权益。

新修正的《农村土地承包法》规定，县级以上地方人民政府应当建立工商企业等社会资本流转土地经营权的资格审查、项目审核和风险防范制度，本集体经济组织可以收取适量管理费用。上述规定，目的是加强农地用途管制和保护农民流转土地经营权的权益，是规范而不是堵，允许工商企业进入农业提升集约化经营水平的方向没有改变。当然，要禁止借机设置门槛搞权力寻租。

第四十五条 县级以上地方人民政府应当建立工商企业等社会资本通过流转取得土地经营权的资格审查、项目审核和风险防范制度。

工商企业等社会资本通过流转取得土地经营权的，本集体经济组织可以收取适量管理费用。

具体办法由国务院农业农村、林业和草原主管部门规定。

妇女土地承包权益的保护

原《农村土地承包法》中对保护妇女土地承包权益已有规定。现实中侵害妇女土地承包权益，表现为通过制定村规民约，对结婚、离婚或丧偶妇女（包括入赘男）的土地承包权益、集体经济收益的分配权益等进行限制。农村土地承包是按户承包，按人分地，妇女出嫁前，是具有土地承包经营权的家庭成员。妇女如在婚入地未取得承包地，按照原《农村土地承包法》的规定，婚出地的发包方不得收回其承包地。如果婚出地家庭兄弟姐妹分家析产，出嫁女依然享有原家庭承包土地的财产权益。新修正的《农村土地承包法》进一步明确，农户内家庭成员依法平等享有承包土地的各项权益。土地承包经营权证或者林权证应当将具有土地承包经营权的全部家庭成员列入。

第十六条 家庭承包的承包方是本集体经济组织的农户。

农户内家庭成员依法平等享有承包土地的各项权益。

第二十四条 国家对耕地、林地和草地等实行统一登记，登记机构应当向承包方颁发土地承包经营权证或者林权证等证书，并登记造册，确认土地承包经营权。

土地承包经营权证或者林权证等证书应当将具有土地承包经营权的全部家庭成员列入。

登记机关除按规定收取证书工本费外，不得收取其他费用。

授权确认农村集体经济组织成员身份

有意见提出，应在《农村土地承包法》中对农村集体经济组织成员身份认定作出规定。因为只有具有农村集体经济组织成员身份，才拥有土地承包经营权，丧失成员身份，就不再享有土地承包经营权。随着第二轮土地承包陆续到期，农村集体经济组织成员身份确认问题已十分迫切。鉴于集体经济组织成员身份边界不清问题由来已久，十分复杂，经反复权衡，新修正的《农村土地承包法》只作出衔接性规定，对确认农村集体经济组织成员身份的原则、程序等留给其他法律或法规具体规定。

第六十九条 确认农村集体经济组织成员身份的原则、程序等，由法律、法规规定。

第二节 耕地资源管理

2020年，国务院办公厅印发了《关于防止耕地"非粮化"稳定粮食生产的意见》（以下简称《意见》）。

出台的背景和意义

近年来，我国农业结构不断优化，区域布局趋于合理，粮食生产连年丰收，有力保障了国家粮食安全，为稳定经济社会发展大局提供坚实支撑。与此同时，部分地区也出现耕地"非粮化"倾向，一些地方把农业结构调整简单理解为压减粮食生产，一些经营主体违规在永久基本农田上种树挖塘，一些工商资本大规模流转耕地改种非粮作物等，这些问题如果任其发展，将影响国家粮食安全。

《意见》指出，要坚持以习近平新时代中国特色社会主义思想为指导，认真落实党中央、国务院决策部署，采取有力举措防止耕地"非粮化"，切实稳定粮食生产，牢牢守住国家粮食安全的生命线。

《意见》强调，要充分认识防止耕地"非粮化"稳定粮食生产的重要性紧迫性。坚持把确保国家粮食安全作为"三农"工作的首要任务。随着我国人口增长、消费结构不断升级和资源环境承载力趋紧，粮食产需仍将维持紧平衡态势。坚持科学合理利用耕地资源，将有限的耕地资源优先用于粮食生产。粮食主产区要巩固提升粮食综合生产能力，产销平衡区和主销区要保持应有的自给率。

科学合理利用耕地资源的要求

耕地是粮食生产的根基。我国耕地总量少，质量总体不高，后备资源不足。面对

农产品生产需求多样化，必须处理好发展粮食生产和发挥比较效益的关系，不能单纯以经济效益决定耕地用途，必须将有限的耕地资源优先用于粮食生产，确保谷物基本自给、口粮绝对安全。对此，提出要科学合理利用耕地资源，明确耕地利用优先序。

《意见》提出，要坚持问题导向，坚决防止耕地“非粮化”倾向。明确耕地利用优先序，永久基本农田重点用于发展粮食生产，特别是保障稻谷、小麦、玉米三大谷物的种植面积。一般耕地应主要用于粮食和棉、油、糖、蔬菜等农产品及饲草饲料生产。加强粮食生产功能区监管，把粮食生产功能区落实到地块，引导种植目标作物，保障粮食种植面积。稳定非主产区粮食种植面积，产销平衡区要着力建成一批旱涝保收、高产稳产的口粮田，保证粮食基本自给；主销区要明确粮食种植面积底线，稳定和提高粮食自给率。有序引导工商资本下乡，鼓励和引导工商资本到农村从事良种繁育、粮食加工流通和粮食生产专业化社会化服务等。对工商资本违反相关产业发展规划大规模流转耕地不种粮的“非粮化”行为，一经发现要坚决予以纠正，并立即停止其享受相关扶持政策。严格规范永久基本农田上农业生产经营活动，禁止占用永久基本农田从事林果业以及挖塘养鱼、非法取土等破坏耕作层的行为，禁止闲置、荒芜永久基本农田。

加强粮食生产功能区监管和建设

粮食生产功能区是在永久基本农田中划定的水土资源条件较好、基础设施较为完善、相对集中连片的地块，是确保粮食产能的核心区域，是稳定口粮种植面积的重要基础。

《意见》要求，要强化激励约束，落实粮食生产责任。严格落实粮食安全省长责任制，要将防止耕地“非粮化”作为粮食安全省长责任制考核重要内容，严格考核并强化结果运用，各省、自治区、直辖市人民政府要切实承担起保障本地区粮食安全的主体责任，稳定粮食种植面积，将粮食生产目标任务分解到市县。坚决遏制住耕地“非粮化”增量，同时对存量问题摸清情况，分类稳妥处置。完善粮食生产支持政策，落实产粮大县奖励政策，健全粮食主产区利益补偿机制，加大粮食生产功能区政策支持力度，加强对种粮主体的政策激励，着力保护和调动地方各级政府重农抓粮、农民务农种粮的积极性。加强耕地种粮情况监测，每半年开展一次全国耕地种粮情况监测评价，建立耕地“非粮化”情况通报机制。各省、自治区、直辖市人民政府要加强组织领导，抓紧制定工作方案，完善相关政策措施，稳妥有序抓好贯彻落实。农业农村部、自然资源部要会同有关部门做好对《意见》执行情况的监督检查。

第三节 农村土地经营权流转管理

农业农村部发布《农村土地经营权流转管理办法》（本节简称《办法》），自 2021 年 3 月 1 日起施行。

修订出台背景

《农村土地承包经营权流转管理办法》是农业部 2005 年颁布实施的，该办法对于规范农村土地流转发挥了重要作用。党的十八大以来，中央出台了一系列相关政策措施。2014 年中办、国办印发《关于引导农村土地经营权有序流转发展农业适度规模经营的意见》；2015 年农业部、中央农办、国土资源部、国家工商总局印发《关于加强对工商资本租赁农地监管和风险防范的意见》；2018 年第十三届全国人民代表大会常务委员会第七次会议表决通过新修改的《农村土地承包法》。这些政策法律确立了农村承包地“三权”分置框架，规范了农村土地经营权流转，赋予了土地经营权融资担保等权能，并要求建立工商企业等社会资本流转土地经营权准入监管制度，具体办法由国务院农业农村主管部门规定。综上，2005 年出台的《农村土地承包经营权流转管理办法》许多条款已不适应新的形势和法律政策要求，需要及时修改。2019 年以来，农业农村部组织有关方面对其进行修订，并广泛征求了社会各界意见，根据各方反馈意见进一步完善后，出台了《农村土地经营权流转管理办法》。

修订后体现的新内容

《农村土地经营权流转管理办法》是适应新形势新实践新要求制定的，延续了中央一贯的政策基调，遵循了《农村土地承包法》的立法精神。

新《办法》的“新”主要体现在三个方面：

一是落实“三权”分置制度，采用了新名称。按照集体所有权、农户承包权、土地经营权“三权”分置并行要求，新《办法》聚焦土地经营权流转，将规章名称修改为《农村土地经营权流转管理办法》，在依法保护集体所有权和农户承包权的前提下，主要就平等保护经营主体依流转合同取得的土地经营权，增加了一些具体规定，有助于进一步放活土地经营权，使土地资源得到更有效合理的利用。

二是贯彻加强监督管理要求，作出了新规定。落实《农村土地承包法》要求，新《办法》明确了对工商企业等社会资本通过流转取得土地经营权的审查审核具体规定，以及建立风险保障制度的要求，以更好地保障流转双方合法权益。

三是围绕强化耕地保护和粮食安全，补充了新内容。落实习近平总书记重要指示精神和国务院办公厅《关于防止耕地“非粮化”稳定粮食生产的意见》《关于坚决制止耕地“非农化”行为的通知》要求，新《办法》中强化了耕地保护和促进粮食生产的内容。

土地经营权流转的风险保障

受市场波动、自然灾害等多种因素影响，农业生产经营存在一定风险，特别是近年来粮食等农产品生产比较效益下降，导致一些经营主体因亏损而毁约甚至“跑路”。为了更好保障流转双方的合法权益，《办法》专门增加了加强流转风险保障的相关内容。

一是要求县级以上地方人民政府依法建立工商企业等社会资本通过流转取得土地经营权的风险防范制度。

二是鼓励各地建立多种形式的土地经营权流转风险防范和保障机制。例如，鼓励流转双方在土地经营权流转市场或农村产权交易市场公开交易，签订规范的流转合同，明确双方的权利义务；鼓励保险机构为土地经营权流转提供流转履约保证保险等多种形式保险服务。

三是明确有条件的可以设立风险保障金。在实践中，一些地方通过政府适当补助的形式建立了土地经营权流转风险保障金制度，取得了较好的效果。但考虑到各地差异较大，同时也避免增加经营主体负担，《办法》不要求统一设立风险保障金，只是规定涉及整村（组）土地经营权流转面积较大、涉及农户较多、经营风险较高的项目可以设立风险保障金，但具体额度由流转双方协商。

第四节 高标准农田建设管理

2021 年 9 月 6 日，农业农村部印发《全国高标准农田建设规划（2021—2030 年）》（本节简称《规划》）。《规划》提出了今后一个时期高标准农田建设的指导思想、工作原则、总体目标、建设标准和建设内容、建设分区和建设任务、建设监管和后续管护、效益分析、实施保障等，是指导各地科学有序开展高标准农田建设的重要依据。

政策出台的背景

民以食为天，食以土为本。农田作为粮食生产的基础，其质量不仅影响粮食产量，还关系到农产品质量，是粮食安全的根基。同时，农田作为生态系统的重要组成部分，土壤是重要的碳库（碳汇），对推动农业绿色低碳发展、推进农业农村生态文明建设具有重要作用。

党中央、国务院高度重视高标准农田建设。习近平总书记多次作出重要指示，强调要突出抓好耕地保护和地力提升，加快推进高标准农田建设，切实提高建设标准和质量，真正实现旱涝保收、高产稳产。为此，农业农村部会同有关部门和地方政府认真贯彻落实党中央、国务院决策部署，深入实施“藏粮于地、藏粮于技”战略，加强政策支持，强化工作指导，推动各地大力推进高标准农田建设，改善农业生产条件、生态环境，提升粮食生产能力。截至 2020 年底，全国已完成 8 亿亩高标准农田建设任务。建成的高标准农田，在节水、节电、节肥、节药、节人工等方面均有明显效果，亩均粮食产能一般增加 10%~20%，亩均节本增效约 500 元，为保护农民种粮积极性、确保全国粮食产量连续多年稳定在 1.3 万亿斤以上发挥了重要支撑作用。

党的十九届五中全会明确提出，实施高标准农田建设工程。“十四五”规划纲要和近年来中央一号文件均对编制实施新一轮全国高标准农田建设规划作出具体部署。为此，农业农村部深入 16 个省 120 多个县开展实地调研，多次召开专题会议研讨论证，在广泛征求中央有关部门、地方政府、相关领域专家、基层农田建设管理人员等各方面意见的基础上，牵头形成了《规划》。

政策出台的意义

第一方面，为什么要建设高标准农田？也就是我们怎么认识它的必要性和紧迫性。习近平总书记反复强调要扛稳粮食安全重任，推进高标准农田建设，稳步提升粮食产能。建设高标准农田是巩固和提升粮食产能的关键举措。为此，各地大规模推进高标准农田建设，并取得了显著的成效。近年来，我国粮食连年丰收，全社会库存充裕，尤其是在应对新冠疫情中，粮食和重要农产品稳产保供，经受住了大考，发挥了重要作用，可谓“功不可没”。同时，我们也要看到，我国粮食仍处于而且将长期处于紧平衡状态。随着人口数量的增加，特别是消费结构、营养水平的提升，我国粮食需求都还将保持刚性增长的态势，再加上病虫害和自然灾害等不确定因素的影响，我国在粮食安全方面一刻也不能掉以轻心，必须不断巩固和提升粮食的综合生产能力。

目前，从全国来看，我国的国情是人多地少水缺，而且耕地的质量总体还不高，中下等质量的耕地占到 70% 左右，后备资源不足。另外，还存在光温、水土时空分配不均，利用不合理等问题，农田基础设施薄弱，抗灾减灾能力还不强。因此，当前和今后一个时期，我国粮食稳产保供既要保数量，还要保多样、保质量、保生态，确保国家粮食安全的任务还是相当艰巨的，或者说更加艰巨。为此，稳住粮食安全这个压舱石，既要确保耕地的数量，还要不断提升耕地质量以及整个农田的综合产能。高标准农田是旱涝保收、高产稳产的农田，是耕地中的精华。大力推进高标准农田建设，是巩固和提升粮食安全生产能力、保障国家粮食安全的关键举措和紧迫任务。“十四五”乃至今后更长一段时期，迫切需要加快高标准农田建设步伐，深入实施“藏粮于地、藏粮于技”战略，进一步筑牢国家粮食安全保障基础。

第二方面，高标准农田建设要达到一个什么样的目标和标准、建设的主要内容？《规划》对高标准农田建设内容提出了明确要求，就是要通过田块整治、土壤改良、灌排沟渠和田间道路配套等综合措施，不断改善农田基础设施条件，集中力量打造集中连片、旱涝保收、节水高效、稳产高产、生态友好的高标准农田。这里面既有软件部分，也有硬件部分。从近些年的实际情况看，高标准农田建成以后，能够显著提高水土资源利用效率，增强粮食生产能力和防灾抗灾减灾能力，建成后项目区粮食产能平均能够提高 10%~20%。《规划》提出，到 2022 年建成高标准农田 10 亿亩，以此稳定保障 1 万亿斤以上粮食产能；到 2025 年建成 10.75 亿亩，并改造提升现有高标准农田 1.05 亿亩，以此稳定保障 1.1 万亿斤以上粮食产能；到 2030 年建成 12 亿亩，并改造提升现有高标准农田 2.8 亿亩。如果按 1 亩 1000 斤产量来计算，12 亿亩就能稳定 1.2 万亿斤以上粮食产能。这约占当前粮食产量（1.3 万亿斤以上）的 90%，将为保障国家粮食安全发挥极其重要的作用，也可以说是不可替代的作用。

高标准农田高在哪里

高标准农田是按照国家统一规划和国家标准实施的重大农田基础设施建设项目。高标准农田高在哪里，主要体现在以下 4 个方面。

第一个“高”是农田质量高。高标准农田集中连片、田块平整、规模适度，水路电等基础设施配套比较完备，土地比较肥沃，与现代农业生产条件相适应。通俗地讲，就是地平整、土肥沃、田成方、林成网、路相通、渠相连、旱能浇、涝能排。这很形象地说明高标准农田建设的农田质量是高的，适应农业现代化发展的需要，有利于推动规模化经营、机械化生产、标准化生产。

第二个“高”是产出能力高。从各地的实践看，高标准农田建成以后，一般能提高 10%~20% 的产能。

第三个“高”是抗灾能力高。高标准农田建成以后，由于设施条件大幅度改善，实现旱能浇、涝能排，稳产高产，大灾少减产，小灾不减产，一般年景多增产。

第四个“高”是资源利用效率高。高标准农田通过集中连片建设以后，规模化经营，有效提高了规模效益；高标准农田节水、节肥、节药、节人工成效明显，很好地提升了资源利用效率。

《规划》的主要内容

《规划》深入贯彻习近平总书记关于粮食安全和高标准农田建设指示精神，在总结近年来农田建设情况的基础上，分析了全国高标准农田建设面临的形势，明确了高标准农田建设的方向和目标任务，是指导今后一个时期系统开展高标准农田建设的重要依据和行动指南，对凝聚各方共识加快构建农田建设新格局、推动农业高质量发展和乡村全面振兴、夯实国家粮食安全基础具有十分重要的意义。

概括起来，《规划》具有以下特点和主要内容。

第一，《规划》坚持系统思维和全局观念，立足我国国情和经济社会发展阶段，着眼长远和全局，综合考虑自然资源禀赋、工作基础、财力状况等因素，提出了今后一个时期高标准农田建设总体目标任务，明确到 2025 年累计建成 10.75 亿亩并改造提升 1.05 亿亩，到 2030 年累计建成 12 亿亩并改造提升 2.8 亿亩高标准农田；到 2035 年，全国高标准农田保有量和质量进一步提高。

第二，《规划》紧扣高质量发展主题，明确了高标准农田建设的田（田块整治）、土（土壤改良）、水（灌溉与排水）、路（田间道路）、林（农田防护和生态环保）、电（农田输配电）、技（科技服务）、管（管理利用）8 个方面的内容，可以说是集水、土、气、生态条件于一体，统筹协调的系统工程。要求加快构建科学统一、层次分明、结构合理的高标准农田建设标准体系。同时，综合考虑建设成本、物价波动、政府投入能力和多元筹资渠道等因素，逐步提高亩均投入水平，全国高标准农田建设亩均投资一般应逐步达到 3000 元左右。

第三，《规划》紧盯粮食生产首要目标，优化了建设分区，明确了分区域建设重点，要求科学设计建设内容，加强项目精细化管理，严格执行相关建设标准和规范，开展耕地质量等级变更评价，提高建设质量。规范项目竣工验收，健全长效管护机制，实现项目长久持续发挥效益。同时，《规划》还明确了实施保障措施。

第四，《规划》注重坚持问题导向、目标导向。与上一轮 2011—2020 年的全国高标准农田建设总体规划相比，具有 3 个突出特点。一是更加突出产能保障。立足确保谷物基本自给、口粮绝对安全，以提升粮食产能为首要目标，优先在永久基本农田、

“两区”（即粮食生产功能区、重要农产品生产保护区），集中力量建设集中连片、旱涝保收、节水高效、稳产高产、生态友好的高标准农田，形成一批“一季千斤、两季一吨”的口粮田，进一步筑牢国家粮食安全根基，把饭碗牢牢端在自己手上。二是更加突出质量要求。坚持新增建设与改造提升并重、建设数量和建成质量并重、工程建设与建后管护并重、产能提升和绿色发展相协调，即“三并重一协调”，合理安排已建高标准农田改造提升，进一步提升粮食生产和重要农产品供给能力，形成更高层次、更有效率、更可持续的国家粮食安全保障基础。三是更加突出针对性和可操作性。针对不同区域粮食生产面临的主要障碍因素，分类指导，将全国高标准农田建设分成东北区、黄淮海区、长江中下游区、东南区、西南区、西北区、青藏区 7 个区域，因地制宜提出各分区建设重点和分省建设目标任务。

《规划》的实施步骤

粮食安全是国之大者，是最重要的经济安全之一，是统筹发展和安全的重要内容，在“十四五”规划纲要中有明确的部署。建设高标准农田是夯实粮食生产能力基础、保障国家粮食安全和重要农产品供给的关键举措。“十四五”规划纲要明确提出，要以粮食生产功能区和重要农产品生产保护区为重点，实施高标准农田建设工程，到 2025 年建成 10.75 亿亩集中连片高标准农田。

《规划》是落实“十四五”规划纲要的重要专项规划之一，是指导今后一个时期系统、全面开展高标准农田建设的重要依据和规范性要求。《规划》对田、土、水、路、林、电、技、管 8 个方面提出了明确的要求，也分 7 个区域明确了建设重点。在《规划》编制过程中，国家发展改革委按照“十四五”规划纲要部署，结合《乡村振兴战略规划（2018—2022 年）》的实施，以及国土空间规划、水利建设规划等相关规划，加强统筹衔接平衡，特别是在高标准农田建设的目标任务和区域布局方面，提出尽力而为、量力而行的原则，强调“两个优先”，即集中力量在划定的永久基本农田保护区、粮食生产功能区和重要农产品生产保护区优先安排高标准农田建设，优先将现有或规划建设的大中型灌区范围内的有效灌溉面积建成旱涝保收、稳产高产的高标准农田。《规划》进一步明确，到 2025 年累计建成高标准农田 10.75 亿亩，并改造提升 1.05 亿亩已建的高标准农田。这些目标任务包括《规划》中高效节水灌溉的发展建设任务，与“十四五”规划纲要的部署要求是一致的，是完全衔接的。

为推进《规划》实施，下一步，国家发展改革委将重点做好以下工作。

一是建立完善规划体系。会同农业农村部加快推进建立和完善国家、省、市、县四级高标准农田建设规划体系，做好与相关规划的衔接平衡，把规划任务落实落地，促进灌区骨干工程改造建设与田间工程实施相协同，确保高标准农田建设布局与全国农业生产的布局相符合，为打造现代农业生产基地和产业集群，构建现代农业产业体系创造基础条件。

二是加大资金的支持力度。在中央预算内投资安排上，持续加大对高标准农田建设、大中型灌区等的支持力度，加强投资计划执行情况的监管，推动落实“藏粮于地、藏粮于技”战略，确保国家粮食安全和重要农产品供给。2021年，在资金十分紧张的情况下，国家发展改革委较大幅度增加了高标准农田建设的投入力度，安排下达中央预算内投资220亿元，支持建设高标准农田和实施东北黑土地保护工程，这个投资规模比2020年的165亿元增长了33%。

三是推动完善相关的政策措施。比如，新建高标准农田和改造提升高标准农田具体投资标准的确定，不同区域高标准农田建设的投资标准，拓宽高标准农田建设的投入渠道，完善工程建设机制、建后管护机制等。要总结和推广各地建设高标准农田、多渠道多方式筹措建设资金的好经验、好做法，引导有条件的地方集中连片建设高标准农田，确保建一块、成一块。与此同时，持续加强大型灌区建设与现代化改造，推动建立设施完善、用水高效、管埋科学、生态良好的灌区工程建设和运行管护体系，形成夯实粮食综合生产能力基础的合力。

第七章

农村基础设施建设

第一节　整治提升农村人居环境

2021年，中共中央办公厅、国务院办公厅印发了《农村人居环境整治提升五年行动方案（2021—2025年）》（本节简称《行动方案》），并发出通知，要求各地区各部门结合实际认真贯彻落实。

总体要求

1.指导思想

以习近平新时代中国特色社会主义思想为指导，深入贯彻党的十九大和十九届二中、三中、四中、五中、六中全会精神，坚持以人民为中心的发展思想，践行绿水青山就是金山银山的理念，深入学习推广浙江“千村示范、万村整治”工程经验，以农村厕所革命、生活污水垃圾治理、村容村貌提升为重点，巩固拓展农村人居环境整治三年行动成果，全面提升农村人居环境质量，为全面推进乡村振兴、加快农业农村现代化、建设美丽中国提供有力支撑。

2.工作原则

坚持因地制宜，突出分类施策　同区域气候条件和地形地貌相匹配，同地方经济社会发展能力和水平相适应，同当地文化和风土人情相协调，实事求是、自下而上、分类确定治理标准和目标任务，坚持数量服从质量、进度服从实效，求好不求快，既尽力而为，又量力而行。

坚持规划先行，突出统筹推进　树立系统观念，先规划后建设，以县域为单位统筹推进农村人居环境整治提升各项重点任务，重点突破和综合整治、示范带动和整体推进相结合，合理安排建设时序，实现农村人居环境整治提升与公共基础设施改善、乡村产业发展、乡风文明进步等互促互进。

坚持立足农村，突出乡土特色　遵循乡村发展规律，体现乡村特点，注重乡土味道，保留乡村风貌，留住田园乡愁。坚持农业农村联动、生产生活生态融合，推进农村生活污水垃圾减量化、资源化、循环利用。

坚持问需于民，突出农民主体　充分体现乡村建设为农民而建，尊重村民意愿，激发内生动力，保障村民知情权、参与权、表达权、监督权。坚持地方为主，强化地方党委和政府责任，鼓励社会力量积极参与，构建政府、市场主体、村集体、村民等多方共建共管格局。

坚持持续推进，突出健全机制 注重与农村人居环境整治三年行动相衔接，持续发力、久久为功，积小胜为大成。建管用并重，着力构建系统化、规范化、长效化的政策制度和工作推进机制。

3.行动目标

到2025年，农村人居环境显著改善，生态宜居美丽乡村建设取得新进步。农村卫生厕所普及率稳步提高，厕所粪污基本得到有效处理；农村生活污水治理率不断提升，乱倒乱排得到管控；农村生活垃圾无害化处理水平明显提升，有条件的村庄实现生活垃圾分类、源头减量；农村人居环境治理水平显著提升，长效管护机制基本建立。

东部地区、中西部城市近郊区等有基础、有条件的地区，全面提升农村人居环境基础设施建设水平，农村卫生厕所基本普及，农村生活污水治理率明显提升，农村生活垃圾基本实现无害化处理并推动分类处理试点示范，长效管护机制全面建立。

中西部有较好基础、基本具备条件的地区，农村人居环境基础设施持续完善，农村户用厕所愿改尽改，农村生活污水治理率有效提升，农村生活垃圾收运处置体系基本实现全覆盖，长效管护机制基本建立。

地处偏远、经济欠发达的地区，农村人居环境基础设施明显改善，农村卫生厕所普及率逐步提高，农村生活污水垃圾治理水平有新提升，村容村貌持续改善。

扎实推进农村厕所革命

1.逐步普及农村卫生厕所

新改户用厕所基本入院，有条件的地区要积极推动厕所入室，新建农房应配套设计建设卫生厕所及粪污处理设施设备。重点推动中西部地区农村户厕改造。合理规划布局农村公共厕所，加快建设乡村景区旅游厕所，落实公共厕所管护责任，强化日常卫生保洁。

2.切实提高改厕质量

科学选择改厕技术模式，宜水则水、宜旱则旱。技术模式应至少经过一个周期试点试验，成熟后再逐步推开。严格执行标准，把标准贯穿于农村改厕全过程。在水冲式厕所改造中积极推广节水型、少水型水冲设施。加快研发干旱和寒冷地区卫生厕所适用技术和产品。加强生产流通领域农村改厕产品质量监管，把好农村改厕产品采购质量关，强化施工质量监管。

3.加强厕所粪污无害化处理与资源化利用

加强农村厕所革命与生活污水治理有机衔接，因地制宜推进厕所粪污分散处理、集中处理与纳入污水管网统一处理，鼓励联户、联村、村镇一体处理。鼓励有条件的地区积极推动卫生厕所改造与生活污水治理一体化建设，暂时无法同步建设的应为后期建设预留空间。积极推进农村厕所粪污资源化利用，统筹使用畜禽粪污资源化利用设施设备，逐步推动厕所粪污就地就农消纳、综合利用。

加快推进农村生活污水治理

1.分区分类推进治理

优先治理京津冀、长江经济带、粤港澳大湾区、黄河流域及水质需改善控制单元等区域，重点整治水源保护区和城乡结合部、乡镇政府驻地、中心村、旅游风景区等人口居住集中区域农村生活污水。开展平原、山地、丘陵、缺水、高寒和生态环境敏感等典型地区农村生活污水治理试点，以资源化利用、可持续治理为导向，选择符合农村实际的生活污水治理技术，优先推广运行费用低、管护简便的治理技术，鼓励居住分散地区探索采用人工湿地、土壤渗滤等生态处理技术，积极推进农村生活污水资源化利用。

2.加强农村黑臭水体治理

摸清全国农村黑臭水体底数，建立治理台账，明确治理优先序。开展农村黑臭水体治理试点，以房前屋后河塘沟渠和群众反映强烈的黑臭水体为重点，采取控源截污、清淤疏浚、生态修复、水体净化等措施综合治理，基本消除较大面积黑臭水体，形成一批可复制可推广的治理模式。鼓励河长制湖长制体系向村级延伸，建立健全促进水质改善的长效运行维护机制。

全面提升农村生活垃圾治理水平

1.健全生活垃圾收运处置体系

根据当地实际，统筹县乡村三级设施建设和服务，完善农村生活垃圾收集、转运、处置设施和模式，因地制宜采用小型化、分散化的无害化处理方式，降低收集、转运、处置设施建设和运行成本，构建稳定运行的长效机制，加强日常监督，不断提高运行管理水平。

2.推进农村生活垃圾分类减量与利用

加快推进农村生活垃圾源头分类减量，积极探索符合农村特点和农民习惯、简便易行的分类处理模式，减少垃圾出村处理量，有条件的地区基本实现农村可回收垃圾资源化利用、易腐烂垃圾和煤渣灰土就地就近消纳、有毒有害垃圾单独收集贮存和处置、其他垃圾无害化处理。有序开展农村生活垃圾分类与资源化利用示范县创建。协同推进农村有机生活垃圾、厕所粪污、农业生产有机废弃物资源化处理利用，以乡镇或行政村为单位建设一批区域农村有机废弃物综合处置利用设施，探索就地就近就农处理和资源化利用的路径。扩大供销合作社等农村再生资源回收利用网络服务覆盖面，积极推动再生资源回收利用网络与环卫清运网络合作融合。协同推进废旧农膜、农药肥料包装废弃物回收处理。积极探索农村建筑垃圾等就地就近消纳方式，鼓励用于村内道路、入户路、景观等建设。

推动村容村貌整体提升

1.改善村庄公共环境

全面清理私搭乱建、乱堆乱放，整治残垣断壁，通过集约利用村庄内部闲置土地等方式扩大村庄公共空间。科学管控农村生产生活用火，加强农村电力线、通信线、广播电视线“三线”维护梳理工作，有条件的地方推动线路违规搭挂治理。健全村庄应急管理体系，合理布局应急避难场所和防汛、消防等救灾设施设备，畅通安全通道。整治农村户外广告，规范发布内容和设置行为。关注特殊人群需求，有条件的地方开展农村无障碍环境建设。

2.推进乡村绿化美化

深入实施乡村绿化美化行动，突出保护乡村山体田园、河湖湿地、原生植被、古树名木等，因地制宜开展荒山荒地荒滩绿化，加强农田（牧场）防护林建设和修复。引导鼓励村民通过栽植果蔬、花木等开展庭院绿化，通过农村“四旁”（水旁、路旁、村旁、宅旁）植树推进村庄绿化，充分利用荒地、废弃地、边角地等开展村庄小微公园和公共绿地建设。支持条件适宜地区开展森林乡村建设，实施水系连通及水美乡村建设试点。

3.加强乡村风貌引导

大力推进村庄整治和庭院整治，编制村容村貌提升导则，优化村庄生产生活生态空间，促进村庄形态与自然环境、传统文化相得益彰。加强村庄风貌引导，突出乡土特色和地域特点，不搞千村一面，不搞大拆大建。弘扬优秀农耕文化，加强传统村落和历史文化名村名镇保护，积极推进传统村落挂牌保护，建立动态管理机制。

建立健全长效管护机制

1.持续开展村庄清洁行动

大力实施以"三清一改"（清理农村生活垃圾、清理村内塘沟、清理畜禽养殖粪污等农业生产废弃物，改变影响农村人居环境的不良习惯）为重点的村庄清洁行动，突出清理死角盲区，由"清脏"向"治乱"拓展，由村庄面上清洁向屋内庭院、村庄周边拓展，引导农民逐步养成良好卫生习惯。结合风俗习惯、重要节日等组织村民清洁村庄环境，通过"门前三包"等制度明确村民责任，有条件的地方可以设立村庄清洁日等，推动村庄清洁行动制度化、常态化、长效化。

2.健全农村人居环境长效管护机制

明确地方政府和职责部门、运行管理单位责任，基本建立有制度、有标准、有队伍、有经费、有监督的村庄人居环境长效管护机制。利用好公益性岗位，合理设置农村人居环境整治管护队伍，优先聘用符合条件的农村低收入人员。明确农村人居环境基础设施产权归属，建立健全设施建设管护标准规范等制度，推动农村厕所、生活污水垃圾处理设施设备和村庄保洁等一体化运行管护。有条件的地区可以依法探索建立农村厕所粪污清掏、农村生活污水垃圾处理农户付费制度，以及农村人居环境基础设施运行管护社会化服务体系和服务费市场化形成机制，逐步建立农户合理付费、村级组织统筹、政府适当补助的运行管护经费保障制度，合理确定农户付费分担比例。

充分发挥农民主体作用

1.强化基层组织作用

充分发挥农村基层党组织领导作用和党员先锋模范作用，在农村人居环境建设和整治中深入开展美好环境与幸福生活共同缔造活动；进一步发挥共青团、妇联、少先队等群团组织作用，组织动员村民自觉改善农村人居环境。健全党组织领导的村民自治机制，村级重大事项决策实行"四议两公开"，充分运用"一事一议"筹资筹劳等制度，引导村集体经济组织、农民合作社、村民等全程参与农村人居环境相关规划、建设、运营和管理。实行农村人居环境整治提升相关项目公示制度。鼓励通过政府购买服务等方式，支持有条件的农民合作社参与改善农村人居环境项目。引导农民或农民合作组织依法成立各类农村环保组织或企业，吸纳农民承接本地农村人居环境改善和后续管护工作。以乡情乡愁为纽带吸引个人、企业、社会组织等，通过捐资捐物、结对帮扶等形式支持改善农村人居环境。

2.普及文明健康理念

发挥爱国卫生运动群众动员优势，加大健康宣传教育力度，普及卫生健康和疾病防控知识，倡导文明健康、绿色环保的生活方式，提高农民健康素养。把转变农民思想观念、推行文明健康生活方式作为农村精神文明建设的重要内容，把使用卫生厕所、做好垃圾分类、养成文明习惯等纳入学校、家庭、社会教育，广泛开展形式多样、内容丰富的志愿服务。将改善农村人居环境纳入各级农民教育培训内容。持续推进城乡环境卫生综合整治，深入开展卫生创建，大力推进健康村镇建设。

3.完善村规民约

鼓励将村庄环境卫生等要求纳入村规民约，对破坏人居环境行为加强批评教育和约束管理，引导农民自我管理、自我教育、自我服务、自我监督。倡导各地制定公共场所文明公约、社区噪声控制规约。深入开展美丽庭院评选、环境卫生红黑榜、积分兑换等活动，提高村民维护村庄环境卫生的主人翁意识。

加大政策支持力度

1.加强财政投入保障

完善地方为主、中央适当奖补的政府投入机制，继续安排中央预算内投资，按计划实施农村厕所革命整村推进财政奖补政策，保障农村环境整治资金投入。地方各级政府要保障农村人居环境整治基础设施建设和运行资金，统筹安排土地出让收入用于改善农村人居环境，鼓励各地通过发行地方政府债券等方式用于符合条件的农村人居环境建设项目。县级可按规定统筹整合改善农村人居环境相关资金和项目，逐村集中建设。通过政府和社会资本合作等模式，调动社会力量积极参与投资收益较好、市场化程度较高的农村人居环境基础设施建设和运行管护项目。

2.创新完善相关支持政策

做好与农村宅基地改革试点、农村乱占耕地建房专项整治等政策衔接，落实农村人居环境相关设施建设用地、用水用电保障和税收减免等政策。在严守耕地和生态保护红线的前提下，优先保障农村人居环境设施建设用地，优先利用荒山、荒沟、荒丘、荒滩开展农村人居环境项目建设。引导各类金融机构依法合规对改善农村人居环境提供信贷支持。落实村庄建设项目简易审批有关要求。鼓励村级组织和乡村建设工匠等承接农村人居环境小型工程项目，降低准入门槛，具备条件的可采取以工代赈等方式。

3.推进制度规章与标准体系建设

鼓励各地结合实际开展地方立法，健全村庄清洁、农村生活污水垃圾处理、农村卫生厕所管理等制度。加快建立农村人居环境相关领域设施设备、建设验收、运行管护、监测评估、管理服务等标准，抓紧制定修订相关标准。大力宣传农村人居环境相关标准，提高全社会的标准化意识，增强政府部门、企业等依据标准开展工作的主动性。依法开展农村人居环境整治相关产品质量安全监管，创新监管机制，适时开展抽检，严守质量安全底线。

4.加强科技和人才支撑

将改善农村人居环境相关技术研究创新列入国家科技计划重点任务。加大科技研发、联合攻关、集成示范、推广应用等力度，鼓励支持科研机构、企业等开展新技术新产品研发。围绕绿色低碳发展，强化农村人居环境领域节能节水降耗、资源循环利用等技术产品研发推广。加强农村人居环境领域国际合作交流。举办农村人居环境建设管护技术产品展览展示。加强农村人居环境领域职业教育，强化相关人才队伍建设和技能培训。继续选派规划、建筑、园艺、环境等行业相关专业技术人员驻村指导。推动全国农村人居环境管理信息化建设，加强全国农村人居环境监测，定期发布监测报告。

强化组织保障

1.加强组织领导

把改善农村人居环境作为各级党委和政府的重要职责，结合乡村振兴整体工作部署，明确时间表、路线图。健全中央统筹、省负总责、市县乡抓落实的工作推进机制。中央农村工作领导小组统筹改善农村人居环境工作，协调资金、资源、人才支持政策，督促推动重点工作任务落实。有关部门要各司其职、各负其责，密切协作配合，形成工作合力，及时出台配套支持政策。省级党委和政府要定期研究本地区改善农村人居环境工作，抓好重点任务分工、重大项目实施、重要资源配置等工作。市级党委和政府要做好上下衔接、域内协调、督促检查等工作。县级党委和政府要做好组织实施工作，主要负责同志当好一线指挥，选优配强一线干部队伍。将国有和乡镇农（林）场居住点纳入农村人居环境整治提升范围统筹考虑、同步推进。

2.加强分类指导

顺应村庄发展规律和演变趋势，优化村庄布局，强化规划引领，合理确定村庄分类，科学划定整治范围，统筹考虑主导产业、人居环境、生态保护等村庄发展。集聚提升类村庄重在完善人居环境基础设施，推动农村人居环境与产业发展互促互进，提升建设管护水平，保护保留乡村风貌。城郊融合类村庄重在加快实现城乡人居环境基础设施共建共享、互联互通。特色保护类村庄重在保护自然历史文化特色资源、尊重原住居民生活形态和生活习惯，加快改善人居环境。“空心村”、已经明确的搬迁撤并类村庄不列入农村人居环境整治提升范围，重在保持干净整洁，保障现有农村人居环境基础设施稳定运行。对一时难以确定类别的村庄，可暂不作分类。

3.完善推进机制

完善以质量实效为导向、以农民满意为标准的工作推进机制。在县域范围开展美丽乡村建设和美丽宜居村庄创建推介，示范带动整体提升。坚持先建机制、后建工程，鼓励有条件的地区推行系统化、专业化、社会化运行管护，推进城乡人居环境基础设施统筹谋划、统一管护运营。通过以奖代补等方式，引导各方积极参与，避免政府大包大揽。充分考虑基层财力可承受能力，合理确定整治提升重点，防止加重村级债务。

4.强化考核激励

将改善农村人居环境纳入相关督查检查计划，检查结果向党中央、国务院报告，对改善农村人居环境成效明显的地方持续实施督查激励。将改善农村人居环境作为各省（自治区、直辖市）实施乡村振兴战略实绩考核的重要内容。继续将农业农村污染治理存在的突出问题列入中央生态环境保护督察范畴，强化农业农村污染治理突出问题监督。各省（自治区、直辖市）要加强督促检查，并制定验收标准和办法，到2025年年底以县为单位进行检查验收，检查结果与相关支持政策直接挂钩。完善社会监督机制，广泛接受社会监督。中央农村工作领导小组按照国家有关规定对真抓实干、成效显著的单位和个人进行表彰，对改善农村人居环境突出的地区予以通报表扬。

5.营造良好舆论氛围

总结宣传一批农村人居环境改善的经验做法和典型范例。将改善农村人居环境纳入公益性宣传范围，充分借助广播电视、报纸杂志等传统媒体，创新利用新媒体平台，深入开展宣传报道。加强正面宣传和舆论引导，编制创作群众喜闻乐见的解读材料和文艺作品，增强社会公众认知，及时回应社会关切。

第二节 数字农业农村发展规划

农村基础设施是为农村各项事业的发展及农民生活的改善提供公共产品和公共服务的各种设施的总称，作为农村公共产品的重要组成部分，其涉及农村的经济、社会、文化等方面。农业农村部、中央网络安全和信息化委员会办公室联合印发了《数字农业农村发展规划（2019—2025 年）》（以下简称《规划》）。

出台的背景和意义

《中共中央、国务院关于实施乡村振兴战略的意见》《数字经济发展战略纲要》提出，要大力发展数字农业，实施数字乡村战略，推动农业数字化转型。

为贯彻落实中央决策部署，加快推动农业农村生产经营精准化、管理服务智能化、乡村治理数字化，农业农村部、中央网络安全和信息化委员会办公室深入开展调查研究，听取各方面意见建议，研究编制了《规划》，提出了新时期推进数字农业农村建设的总体思路、发展目标和重点任务，描绘了数字农业农村建设的发展蓝图。

《规划》是指导今后一个时期数字农业农村建设的纲领性文件。《规划》的印发实施，顺应了数字化发展新趋势，契合了亿万农民群众的新期待，突出了数字农业农村建设的战略地位，对加快建设数字中国、弥合城乡“数字鸿沟”、培育乡村振兴新动能、抢占全球农业制高点，具有十分重要的意义。

发展思路和目标

《规划》对今后一个时期数字农业农村建设作出了系统安排，既有路线图，又有时间表。

《规划》明确了今后一段时期数字农业建设的发展思路，提出要以产业数字化、数字产业化为发展主线，以数字技术与农业农村经济深度融合为主攻方向，以数据为关键生产要素，着力建设基础数据资源体系，加强数字生产能力建设，加快农业农村生产经营、管理服务数字化改造，强化关键技术装备创新和重大工程设施建设，推动政府信息系统和公共数据互联开放共享，全面提升农业农村生产智能化、经营网络化、管理高效化、服务便捷化水平，用数字化引领驱动农业农村现代化，为实现乡村全面振兴提供有力支撑。

《规划》提出了数字农业农村发展目标。在总体目标上，《规划》提出到 2025 年，数字农业农村建设取得重要进展，有力支撑数字乡村战略实施；农业农村数据采集体系建立健全，基本建成“一个网络”“一个体系”“一个平台”，即天空地一体化观测网络、农业农村基础数据资源体系和农业农村云平台；数字技术与农业产业体系、生产体系、经营体系加快融合，农业生产经营数字化转型取得明显进展，管理服务数字化水平明显提升，农业数字经济比重大幅提升，乡村数字治理体系日趋完善。在具体指标上，细化总体目标要求，提出了三个关键性指标，使《规划》目标可衡量可落实。即农业数字经济占农业增加值比重由2018年的7.3%提升至2025年的15%，农产品网络零售额占农产品总交易额比重由2018年的9.8%提升至2025年的15%，农村互联网普及率由2018年的38.4%大幅提升至2025年的70%。

数字农业农村建设重点任务

《规划》面向乡村振兴的重大需求，面向现代农业建设主战场，紧紧围绕推进数字技术与农业农村深度融合谋篇布局，提出了五方面的重点任务。

1.构建农业农村基础数据资源体系

《规划》提出，要统筹建设农业自然资源、重要农业种质资源、农村集体资产、农村宅基地、农户和新型农业经营主体等五类大数据，形成农业农村基础数据资源体系，为农业农村精准管理和服务提供有力支撑。

2.加快生产经营数字化改造

《规划》提出，要推进种植业信息化，加快发展数字农情，构建病虫害测报监测网络和数字植保防御体系，建设数字田园。推进畜牧业智能化，建设数字养殖牧场，加快应用个体体征智能监测技术，推进养殖场数据直联直报。推进渔业智慧化，发展智慧水产养殖，升级改造渔船船用终端和数字化捕捞装备，建设渔港综合管理系统。推进种业数字化，挖掘与深度应用种业大数据，研发推广动植物表型信息获取技术装备，完善国家种业大数据平台功能。推进新业态多元化，鼓励发展众筹农业、定制农业等基于互联网的新业态，深化电子商务进农村综合示范，鼓励发展智慧休闲农业平台。推进质量安全管控全程化，推动农产品生产标准化、标识化、可溯化，普遍推行农户农资购买卡制度，构建投入品监管溯源与数据采集机制。

3.推动管理服务数字化转型

《规划》提出，要建立健全农业农村管理决策支持技术体系，提高宏观管理的科学性。健全重要农产品全产业链监测预警体系，加强市场信息发布和服务，帮助农民解决“春天种什么对、秋天卖什么贵”等生产经营瓶颈问题。建设数字农业农村服务体系，开展农业生产性服务，建设一批农民创业创新中心，提升农民生产生活智慧化、便捷化水平。建立农村人居环境智能监测体系，实现对农村污染物、污染源全时全程监测。建设乡村数字治理体系，推进乡村治理体系和治理能力现代化。

4.强化关键技术装备创新

《规划》提出，要加强关键共性技术攻关，重点攻克农业生产环境、动植物生理体征智能感知与识别关键技术，突破动植物生理生态过程模拟技术，构建动植物表型的数字化表达及模拟模型，突破智能农机装备关键技术。强化战略性前沿性技术超前布局，加强农产品柔性加工、区块链＋农业、人工智能、5G等新技术基础研究和攻关，形成一系列数字农业战略技术储备和产品储备。强化技术集成应用与示范，开展3S、智能感知、模型模拟、智能控制等技术及软硬件产品的集成应用和示范，熟化推广一批典型模式和范例。加强数字农业科技创新数据与平台集成与服务。加快农业人工智能研发应用，实施农业机器人发展战略，加强无人机智能化集成与应用示范。

5.加强重大工程设施建设

《规划》提出，要实施国家农业农村大数据中心建设工程，重点建设国家农业农村云平台、国家农业农村大数据平台、国家农业农村政务信息系统三类项目，提高农业农村领域管理服务能力和科学决策水平。要实施农业农村天空地一体化观测体系建设工程，重点加强农业农村“天网”（农业农村天基观测网络）、“空网”（农业农村航空观测网络）、“地网”（农业物联网观测网络）建设，实现对农业生产和农村环境等全领域、全过程、全覆盖的实时动态观测。要实施国家数字农业农村创新工程，重点建设国家数字农业农村创新中心及专业分中心、重要农产品全产业链大数据、数字农业试点建设等三类项目，打造数字农业农村综合服务平台。

第三节　提升农村公共服务水平

我国现行主要的农村公共服务供给包括农村公共医疗卫生、农村义务教育及农村公共文化。农村公共服务的有效供给一方面可以提高农村居民生产和生活的积极性，促进农村生产力的发展；另一方面能够改善农村居民的生活水平。因此，农村公共服务的有效供给能够促进农村经济持续健康发展，是农村经济发展的基础之一。

农村公共医疗卫生

农村公共医疗卫生是建设健康中国的重要内容。2016年，中共中央、国务院印发的《"健康中国 2030"规划纲要》提出，要以农村和基层为重点，推动健康领域基本公共服务均等化，维护基本医疗卫生服务的公益性，逐步缩小城乡、地区、人群间基本健康服务和健康水平的差异，实现全民健康覆盖，促进社会公平。党的十九大报告提出，要实施健康中国战略，完善国民健康政策，为人民群众提供全方位全周期健康服务。新时期，加强农村公共卫生服务，对于推进健康中国建设、全面建成小康社会以及基本实现社会主义现代化具有重要现实意义。在农村公共卫生服务方面，国家出台了诸多政策，为农村公共卫生事业的发展和农村公共卫生服务的有效开展提供了制度保障，同时也基本形成了相对完善的农村公共卫生服务组织体系和实现城乡公共医疗服务均等化的基本途径。

1.乡村医生队伍建设

乡村医生是我国医疗卫生服务队伍的重要组成部分，是最贴近亿万农村居民的健康"守护人"，是发展农村医疗卫生事业、保障农村居民健康的重要力量。近年来，尽管各级政府都要求加强村级医疗卫生队伍建设，但乡村医生数量依然在不断减少。与此同时，不少地区仍然在不断提升村医的执业要求和准入门槛，村卫生室人员短缺的问题长期得不到合理解决，使得在岗村医的任务越来越重。

2.农村公共卫生服务体系建设

村卫生室是农村三级卫生服务网的基础，承担着向农村居民提供基本医疗和基本公共卫生服务的任务，在农村防病治病中发挥着重要作用。为进一步加强村卫生室管理，明确村卫生室的功能定位和服务范围，保障农村居民卫生服务利用的安全性、公平性和可及性，国家卫生计生委等五部委联合制定了《村卫生室管理办法（试行）》。该办法共分为 8 章 52 条，重点对村卫生室的功能任务、机构设置与审批、人员配备与管理、业务管理、财务管理、保障措施进行了明确和规范。

农村义务教育

自党的十八大以来，我国教育事业取得了历史性进展，总体发展水平跃居世界中上行列，义务教育巩固率达到 93.4%，党中央把脱贫攻坚摆到治国理政的重要位置，教育扶贫的重要性也被一再强调。特别值得注意的是，最近几年，中央开始使用"乡村"概念，如"乡村教师支持计划"。"乡村"相较"农村"，排除了县镇所在的城关镇，指乡镇以下，这个概念的使用体现了精准扶贫的理念。党的十九大报告提出，要推动城乡义务教育一体化发展，高度重视农村义务教育。这是对党的十八大以来教育工作的深化。农村学校是传播社会主义核心价值观和文明生活方式的重要阵地，农村教育在乡村振兴中具有不可替代的作用，振兴乡村教育，关键是提高教育质量。

1.乡村教师队伍建设

发展农村义务教育，办好农村学校，关键在教师。乡村教师是农村义务教育发展中至关重要的一部分，针对乡村教师队伍建设过程中存在的问题，出台的政策主要包括以下三个方面：第一，提高乡村教师的思想政治素质和师德水平；第二，提高乡村教师生活待遇，统一城乡教职工编制标准；第三，拓宽师资补充渠道。2020 年 7 月，教育部、中央组织部、中央编办、国家发展改革委、财政部和人力资源社会保障部等六部门印发《关于加强新时代乡村教师队伍建设的意见》（本节简称《意见》），聚焦短板弱项，有针对性地提出创新举措，在脱贫攻坚与乡村振兴有效衔接的大背景下，实现乡村教师可持续发展助力乡村振兴，推动实现公平而有质量的乡村教育。《意见》着力提高乡村教师综合素质，激发教师奉献乡村教育的内生动力，提升乡村教师职业发展力。要求加强师德师风建设，提升思想政治素质，厚植乡村教育情怀，发挥乡村教师新乡贤示范引领作用。要求创新教师教育模式，坚持以乡村教育需求为导向，加强定向公费培养，建强面向乡村学校的师范生委托培养院校。要求加强乡村教师培训，构建各级教师发展机构、教师专业发展基地学校和“三名”工作室五级一体化乡村教师专业发展体系。要求发挥 5G、人工智能等新技术助推作用，深化师范生培养课程改革，实施中小学教师信息技术应用能力提升工程 2.0，加强县域内教育资源公共服务平台建设。《意见》着力深化乡村教师管理改革，缓解乡村学校人才短缺问题，提升乡村教师职业供给力。坚持创新挖潜编制管理，鼓励地方探索建立教职工编制“周转池”制度，挖潜乡村教师编制配备，通过统筹配置和跨市县、跨学科等调整力度，调整乡村学校编制。坚持畅通城乡一体配置渠道，健全县域交流轮岗机制，深入推进“县管校聘”改革，同时完善双向交流轮岗机制，促进城乡一体流动。多种形式配备乡村教师，探索构建招聘、支教等多渠道并举，多层次人才到乡村任教的格局。坚持拓展职业成长通道，职称评聘向乡村倾斜，允许乡村学校按照所教学科评聘职称，“定向评价、定向使用”。坚持乡村教育带头人培养，提升乡村校长队伍整体素质，全面实施中西部乡村中小学首席教师岗位计划。坚持创造多元发展空间，实施好“农村学校教育硕士师资培养计划”，教育系统“鹊桥计划”等政策。《意见》着力保障乡村教师地位待遇，让乡村教师享有应有的社会声望，提升乡村教师职业保障力。强调社会地位提升。建立联席会议制度，重点研究乡村教师队伍建设问题。为更多优秀乡村教师参与乡村治理、推动乡村振兴提供多种渠道。加大荣誉表彰和宣传推介力度向乡村教师倾斜。强调工资待遇落实。确保平均工资收入水平不低于或高于当地公务员平均工资收入水平。完善绩效工资政策，对乡村小规模学校、寄宿制学校、民族地区、艰苦边远地区学校给予适当倾斜。全面落实集中连片特困地区乡村教师生活补助政策，依据学校艰苦边远程度实行差别化的补助标准。逐步完善乡村教师住房、医疗、救助等政策保障，不断提高乡村教师获得感。强调优化青年教师发展环境，促进专业成长，实施多种形式的乡村教师成长项目。丰富精神文化生活，引导青年教师主动融入乡村社会。

2.农村义务教育设施建设

加强农村义务教育设施建设主要是关于义务教育学校的布局、交通等方面。2016年，国务院印发的《关于统筹推进县域内城乡义务教育一体化改革发展的若干意见》明确提出，要办好必要的乡村小规模学校，完善乡村小规模学校办学机制和管理办法。2018年，国务院办公厅印发《关于全面加强乡村小规模学校和乡镇寄宿制学校建设的指导意见》，对乡村小规模学校的发展提出了全面的指导性意见。2021年，中共中央、国务院发布《关于全面推进乡村振兴加快农业农村现代化的意见》，再次强调“保留并办好必要的乡村小规模学校”。

3.农村义务教育经费保障

为解决一些地方对村小学和教学点重视不够、经费保障政策落实不到位等问题，迫切需要提高村小学和教学点运转水平，落实地方责任，管好用好公用经费，完善监察机制，提高使用效率。2020年，财政部办公厅、教育部办公厅联合发布了《关于进一步加强义务教育学校公用经费管理的通知》（本节简称《通知》）。《通知》要求，切实强化义务教育学校预算财务管理。县级教育、财政部门要督促学校严格按照预算批复的资金规模和规定的标准执行，严把支出审核关，各项支出要据实列支，严禁虚列虚支、虚报冒领和挤占挪用。《通知》指出，自2016年建立城乡统一、重在农村的义务教育经费保障机制以来，总的来看，学校正常教育教学活动得到了有力保障。但近期也有一些地方因重视不够、财力困难、学校管理基础薄弱等原因，在义务教育学校公用经费预算安排、资金拨付、使用管理等方面暴露出一些问题。为进一步加强义务教育学校公用经费管理，保障学校正常运转，《通知》指出，要切实落实经费分担责任和管理责任。义务教育是教育工作的重中之重。为保障义务教育学校正常开展教育教学活动，各级财政按规定分担的公用经费必须及时足额到位。各地要切实提高认识，采取更加有力的监督约束措施，确保省以下各级财政分担公用经费的责任落实。省级财政、教育部门要督促指导市县财政、教育部门按照预算管理、国库集中支付、政府采购等相关财政改革要求，因地制宜适时优化完善本地区学校财务管理体制，按规定及时足额拨付义务教育学校公用经费，严禁滞拨缓拨经费，严禁挤占、挪用、截留、克扣经费。县级教育、财政部门要落实经费管理的主体责任，进一步强化义务教育学校预算和财务管理，规范公用经费使用，优化报销流程，保障学校合理用款需求，确保学校正常运转。《通知》明确，切实规范公用经费拨付管理。地方各级财政部门要严格按照财政国库管理的有关要求调度库款，纳入直达资金管理范围的资金严格执行直达资金管理有关规定。公用经费应按照国库集中支付制度有关规定，支付到最终收款方。县级财政、教育部门要督促指导学校加快公用经费预算执行进度，及时将有关直达资金支付信息导入直达资金监控系统，跟踪支出进度和流向。《通知》要求，切实强化义务教育学校预算财务管理。县级教育、财政部门要督促学校严格按照预算批复的资金规模和规定的标准执行，严把支出审核关，各项支出要据实列支，严禁虚列虚支、虚报冒领和挤占挪用。严禁统筹按基准定额核定的学校公用经费，在本地区集中开展信息化建设、教师培训等专项性工作。学校要进一步健全预算管理、财务管理、内部控制等制度，按规定编制学校年度预算，抓好预算执行，细化公用经费支出范围与标准，按照轻重缓急合理合规安排使用公用经费，并依法公开相关财务信息。严禁将公用经费用于人员经费、基本建设投资、偿还债务等方面支出。要进一步强化财务管理基础工作，加强会计人员培训，提高财务管理和会计核算水平。《通知》提出，要巩固完善经费监管工作机制。省级财政、教育部门要坚持问题导向，进一步巩固完善财政教育经费监管工作机制，定期对义务教育学校公用经费使用管理开展督查，并充分利用相关信息系统，动态跟踪公用经费拨付、使用等情况。进一步严肃财经纪律，加大问责力度，对预算下达不及时、缓拨滞拨资金的地区及时提醒，督促纠正；对挤占、挪用、截留、克扣公用经费的地区，依法依规依纪对有关责任人严肃处理。

4.关爱农村义务教育学生

深入推进义务教育均衡发展，要努力实现所有适龄儿童少年“上好学”，同时也关注到义务教育阶段学生的营养问题。我国自2011年秋季学期起实施农村义务教育学生营养改善计划，对欠发达地区学生给予营养膳食补助，补助标准由中央统一制定。根据财政部、教育部通知，从2021年秋季学期起，农村义务教育学生营养膳食补助，国家基础标准由每生每天4元提高至5元，每生每年从800元提高至1000元。

5.城乡优质均衡发展管理一体化

《关于统筹推进县域内城乡义务教育一体化改革发展的若干意见》要求，通过城乡义务教育一体化、实施学区化集团化办学或学校联盟、均衡配置师资等方式，加大对薄弱学校和乡村学校的扶持力度。2018年，国务院办公厅印发《关于全面加强乡村小规模学校和乡镇寄宿制学校建设的指导意见》，明确要求强化乡镇中心学校统筹、辐射和指导作用，推进乡镇中心学校和同乡镇的小规模学校一体化办学、协同式发展、综合性考评，实行中心学校校长负责制，将中心学校和小规模学校教师作为同一学校的教师“一并定岗、统筹使用、轮流任教”。

农村公共文化

改革开放以来，特别是进入新世纪新阶段以来，我国农村改革持续向纵深推进，农民收入水平和生活水平快速提升，城乡居民收入差距逐步缩小，农村民生事业有了新的改善，农村社会保持和谐稳定，农民综合素质和农村社会文明程度明显提高。但在城乡二元结构体制下，大量农村人口向城市转移，大批青壮年劳动力外出打工，农村“留守儿童、留守妇女、留守老人”的“三留守”人员不断增加，城乡之间教育、医疗、养老、环境、文化等差距持续拉大。针对农村公共文化事业仍旧较为落后，无法满足农民群众日益增长的精神文化需求问题，党和政府提出了一系列的相关政策。

每年中央一号文件都会提到农村公共文化服务体系构建的问题。如2016年的中央一号文件提到，要全面加强农村公共文化服务体系建设，继续实施文化惠民项目。在农村建设基层综合性文化服务中心，整合基层宣传文化、党员教育、科学普及、体育健身等设施，整合文化信息资源共享、农村电影放映、农家书屋等项目，发挥基层文化公共设施整体效应。2017年的中央一号文件提到，要加强农村公共文化服务体系建设，统筹实施重点文化惠民项目，完善基层综合性文化服务设施，在农村地区深入开展送地方戏活动，支持重要农业文化遗产保护。2021年，文化和旅游部发布的《“十四五”公共文化服务体系建设规划》中，提出了“十四五”时期高质量建设公共文化服务体系的四大具体目标。一是公共文化服务布局更加均衡。服务布局包括设施网络完善、资源配置优化、供给能力提升等诸多要素。服务布局均衡，重点是基层、农村公共文化服务的数量增加和质量提升，推动城乡公共文化服务体系一体发展跃上新台阶，这是“十四五”公共文化服务体系建设的首要任务。二是公共文化服务水平显著提升。中国社会进入高质量发展阶段，人民对美好生活的新期待，要求基本公共文化服务向品质化迈进，同时有更多特色化、个性化、多样化的公共文化服务。提升服务水平是“十四五”公共文化服务高质量发展的主旋律。三是公共文化服务供给方式更加多元。重点是推动公共文化服务实现更加广泛、深入的社会化发展，既包括引导和鼓励更多社会力量参与公共文化服务，也包括有更多人民群众自我创造、自我表现的公共文化服务，政府、市场、社会共同参与的公共文化服务格局进一步走向完善。四是公共文化数字化网络化智能化发展取得新进展。这是公共文化服务扩大覆盖面、增强实效性的时代要求。我国的公共数字文化建设已经有了坚实基础，疫情防控期间公共文化服务“线下关门、线上开花”，更显著提升了全社会对公共数字文化重要性的认识。

第四节　农村居民社会保障

党的十九大报告指出，要解决好病有所医、老有所养、住有所居、弱有所扶的问题，就必须进一步加大对困难群众基本生活保障资金投入，全面建成覆盖城乡居民的社会保障体系。为此，党和政府及相关部门出台和完善了农村居民社会保障政策。农村居民社会保障政策是针对农民的需求按照法律规定的比例，让农民交一部分资金，同时国家交一部分资金，为农民的生活提供基本的物质保障。主要包括农村居民医疗保障政策、农村居民养老保障政策和农村居民最低生活保障政策。

农村居民医疗保障

1.医护人才建设方面

农村居民医疗保障政策是指为了解决农村居民看病难就医难和“因病致贫、因病返贫”等问题而制定的政策。

《关于巩固拓展健康扶贫成果同乡村振兴有效衔接的实施意见》

主要目标　到2025年，农村低收入人口基本医疗卫生保障水平明显提升，全生命周期健康服务逐步完善；脱贫地区县乡村三级医疗卫生服务体系进一步完善，设施条件进一步改善，服务能力和可及性进一步提升；重大疾病危害得到控制和消除，卫生环境进一步改善，居民健康素养明显提升；城乡、区域间卫生资源配置逐步均衡，居民健康水平差距进一步缩小；基本医疗有保障成果持续巩固，乡村医疗卫生机构和人员“空白点”持续实现动态清零，健康乡村建设取得明显成效。

加强基层医疗卫生人才队伍建设　对脱贫地区基层医疗卫生机构，在编制、职称评定等方面给予政策支持。因地制宜加大本土人才培养力度，逐步扩大订单定向免费医学生培养规模，中央财政继续支持为中西部乡镇卫生院培养本科定向医学生，各地要结合实际为村卫生室和边远地区乡镇卫生院培养一批高职定向医学生，落实就业安置和履约管理责任，强化属地管理，建立联合违约惩戒机制。积极支持引导在岗执业（助理）医师参加转岗培训，注册从事全科医疗工作。继续实施全科医生特岗计划。落实基层卫生健康人才招聘政策，乡镇卫生院公开招聘大学本科及以上毕业生、县级医疗卫生机构招聘中级职称或者硕士以上人员和全科医学、妇产科、儿保科、儿科、精神心理科、出生缺陷防治等急需紧缺专业人才，可采取面试（技术操作）、直接考察等方式公开招聘；

对公开招聘报名后形不成竞争的，可适当降低开考比例，或不设开考比例划定合格分数线。鼓励脱贫地区全面推广“县管乡用”“乡管村用”。继续推进基层卫生职称改革，对长期在艰苦边远地区和基层一线工作的卫生专业技术人员，业绩突出、表现优秀的，可放宽学历等要求，同等条件下优先评聘。执业医师晋升为副高级技术职称，应当有累计一年以上在县级以下或者对口支援的医疗卫生机构提供医疗卫生服务经历。各类培训项目优先满足脱贫地区需求，培训计划单列下达，培训对象同等条件下予以优先招收。加强乡村医生队伍建设，逐步建立乡村医生退出机制。各地要支持和引导符合条件的乡村医生按规定参加职工基本养老保险。不属于职工基本养老保险覆盖范围的乡村医生，可在户籍地参加城乡居民基本养老保险。对于年满60周岁的乡村医生，各地要结合实际，采取补助等多种形式，进一步提高乡村医生养老待遇。

2.农村医疗保障制度方面

《关于进一步完善医疗救助制度全面开展重特大疾病医疗救助工作的意见》《关于推进新型农村合作医疗支付方式改革工作的指导意见》《国家卫生计生委、财政部关于做好新型农村合作医疗跨省就医费用核查和结报工作的指导意见》《关于印发全国新型农村合作医疗异地就医联网结报实施方案的通知》等政策指出，要进一步提高政府财政部门对农村居民医疗保险的补助力度。2021年6月，国家医疗保障局会同财政部、国家税务总局印发《关于做好2021年城乡居民基本医疗保障工作的通知》。

《关于做好2021年城乡居民基本医疗保障工作的通知》

继续提高城乡居民医保筹资标准 为支持巩固提高居民医保待遇水平，逐步扩大医保支付范围，2021年继续提高居民医保筹资标准。居民医保人均财政补助标准新增30元，达到每人每年不低于580元。同步提高居民医保个人缴费标准40元，达到每人每年320元。中央财政按规定对地方实行分档补助，对西部、中部地区分别按照80%、60%的比例进行补助，对东部地区各省分别按照一定比例进行补助。地方各级财政要按规定足额安排财政补助资金并及时拨付到位。进一步放开参加基本医疗保险的户籍限制，对于持居住证参加当地居民医保的，各级财政要按当地居民相同标准给予补助。

要按要求合理确定居民医保财政补助和个人缴费标准，优化筹资结构。根据城乡居民大病保险（以下简称“大病保险”）基金运行情况，在确保现有筹资水平不降低的基础上，统筹考虑确定大病保险筹资标准。完善医疗救助分类资助参保政策，结合实际细化资助参保标准。适应经济社会发展，探索建立健全居民医保稳健可持续筹资机制。

加强医保公共管理服务 继续做好新冠肺炎患者医疗费用结算和跨省就医医保费用全国清算工作，及时结算新冠疫苗及接种费用。全面落实《全国医疗保障经办政务服务事项清单》，推动医保公共服务标准化规范化建设。推进医保经办标准化窗口和服务示范点建设。增强基层医疗保障公共服务能力，推进医疗保障公共服务纳入县乡村公共服务一体化建设，在医保经办力量配置不足的地区，可通过政府购买服务等方式，加强医疗保障经办力量。规范商业保险机构承办大病保险的管理服务。推进医保经办管理服务与网上政务服务平台等有效衔接，坚持传统服务方式与智能服务方式创新并行，提高线上服务适老化水平，优化线下服务模式，保障老年人、重度残疾人等特殊人群顺畅便捷办理业务。

农村居民养老保障

农村居民养老保障政策是为了提高广大农村老年人生活水平和质量，减轻农村居民的养老负担，实现“老有所养”而制定的政策。随着农村老年人口的不断增加，目前农村养老面临着较大的问题。要加快构建养老服务体系，建设多种农村养老服务；实现新型农村社会养老保险制度全面覆盖，城乡居民基本保险制度相融合。

1.农村社会养老保险

《国务院关于建立统一的城乡居民基本养老保险制度的意见》等相关政策指出，要合并城乡居民基本养老保险制度；健全新型农村社会养老保险体系，运用科学合理的方式稳步提高城乡居民基础养老金标准；引导农村居民提高养老保险的缴费额度，从而增加养老金的发放额度。

《国务院关于建立统一的城乡居民基本养老保险制度的意见》

任务目标 坚持和完善社会统筹与个人账户相结合的制度模式，巩固和拓宽个人缴费、集体补助、政府补贴相结合的资金筹集渠道，完善基础养老金和个人账户养老金相结合的待遇支付政策，强化长缴多得、多缴多得等制度的激励机制，建立基础养老金正常调整机制，健全服务网络，提高管理水平，为参保居民提供方便快捷的服务。“十二五”末，在全国基本实现新农保和城居保制度合并实施，并与职工基本养老保险制度相衔接。2020年前，全面建成公平、统一、规范的城乡居民养老保险制度，与社会救助、社会福利等其他社会保障政策相配套，充分发挥家庭养老等传统保障方式的积极作用，更好保障参保城乡居民的老年基本生活。

2.农村社会养老服务

《“十三五”国家老龄事业发展和养老体系建设规划》

多支柱、全覆盖、更加公平、更可持续的社会保障体系更加完善 城镇职工和城乡居民基本养老保险参保率达到90%，基本医疗保险参保率稳定在95%以上，社会保险、社会福利、社会救助等社会保障制度和公益慈善事业有效衔接，老年人的基本生活、基本医疗、基本照护等需求得到切实保障。

居家为基础、社区为依托、机构为补充、医养相结合的养老服务体系更加健全 养老服务供给能力大幅提高、质量明显改善、结构更加合理，多层次、多样化的养老服务更加方便可及，政府运营的养老床位数占当地养老床位总数的比例不超过50%，护理型床位占当地养老床位总数的比例不低于30%，65岁以上老年人健康管理率达到70%。

有利于政府和市场作用充分发挥的制度体系更加完备 老龄事业发展和养老体系建设的法治化、信息化、标准化、规范化程度明显提高。政府职能转变、“放管服”改革、行政效能提升成效显著。市场活力和社会创造力得到充分激发，养老服务和产品供给主体更加多元、内容更加丰富、质量更加优良，以信用为核心的新型市场监管机制建立完善。

支持老龄事业发展和养老体系建设的社会环境更加友好 全社会积极应对人口老龄化、自觉支持老龄事业发展和养老体系建设的意识意愿显著增强，敬老养老助老社会风尚更加浓厚，安全绿色便利舒适的老年宜居环境建设扎实推进，老年文化体育教育事业更加繁荣发展，老年人合法权益得到有效保护，老年人参与社会发展的条件持续改善。

《关于加强农村留守老年人关爱服务工作的意见》

明确职责、完善机制 强化家庭和子女在赡养、扶养留守老年人中的主体责任和法定义务，落实县乡两级政府在维护留守老年人权益中的基本职责，充分发挥老年人组织、村民互助服务组织、社会工作服务机构作用，建立健全家庭尽责、基层主导、社会协同、全民行动、政府支持保障的农村留守老年人关爱服务工作机制。

突出重点、强化服务 各地要加强资源统筹，以防范留守生活安全风险为重点内容，以经济困难家庭的高龄、失能留守老年人为重点对象，督促各方履行关爱职责，增强生活照料、精神慰藉、安全监护、权益维护等基本服务，防止冲击社会道德底线的问题发生。

因地制宜、改革创新 各地区要结合当地经济社会发展水平，结合当地人文风俗文化习惯，结合当地人口老龄化形势趋势，深入研究、开拓创新，积极探索有效管用的农村留守老年人关爱服务政策措施与实践模式。

加强统筹、综合施策 将农村留守老年人关爱服务体系纳入养老服务体系统筹设计，做好政策衔接；与城乡一体化、基本公共服务均等化和农业现代化发展相适应，与信息化、智能化等现代技术推广应用相同步，从城市和农村两端发力逐步解决农村老年人留守问题。

农村居民最低生活保障

农村居民最低生活保障政策主要是指政府对因病残、年老体弱、丧失劳动能力等原因造成生活困难的家庭给予必要的救助，以保障其基本生活，并帮助其中有劳动能力的人积极劳动脱贫致富。

《国务院关于在全国建立农村最低生活保障制度的通知》

目标 通过在全国范围建立农村最低生活保障制度，将符合条件的农村贫困人口全部纳入保障范围，稳定、持久、有效地解决全国农村贫困人口的温饱问题。

总体要求 建立农村最低生活保障制度，实行地方人民政府负责制，按属地进行管理。各地要从当地农村经济社会发展水平和财力状况的实际出发，合理确定保障标准和对象范围。同时，要做到制度完善、程序明确、操作规范、方法简便，保证公开、公平、公正。要实行动态管理，做到保障对象有进有出，补助水平有升有降。要与扶贫开发、促进就业以及其他农村社会保障政策、生活性补助措施相衔接，坚持政府救济与家庭赡养扶养、社会互助、个人自立相结合，鼓励和支持有劳动能力的贫困人口生产自救，脱贫致富。

第八章

农业生产资料管理

第一节　种子管理

2021年12月24日，第十三届全国人民代表大会常务委员会第三十二次会议通过《全国人民代表大会常务委员会关于修改〈中华人民共和国种子法〉的决定》，自2022年3月1日起施行。

种子的概念

第二条　在中华人民共和国境内从事品种选育、种子生产经营和管理等活动，适用本法。

本法所称种子，是指农作物和林木的种植材料或者繁殖材料，包括籽粒、果实、根、茎、苗、芽、叶、花等。

种子的生产经营

1.严格企业市场准入

第三十一条　从事种子进出口业务的种子生产经营许可证，由国务院农业农村、林业草原主管部门核发。国务院农业农村、林业草原主管部门可以委托省、自治区、直辖市人民政府农业农村、林业草原主管部门接收申请材料。

从事主要农作物杂交种子及其亲本种子、林木良种繁殖材料生产经营的，以及符合国务院农业农村主管部门规定条件的实行选育生产经营相结合的农作物种子企业的种子生产经营许可证，由省、自治区、直辖市人民政府农业农村、林业草原主管部门核发。

前两款规定以外的其他种子的生产经营许可证，由生产经营者所在地县级以上地方人民政府农业农村、林业草原主管部门核发。

只从事非主要农作物种子和非主要林木种子生产的，不需要办理种子生产经营许可证。

2.申请领取种子生产经营许可证的条件

第三十二条　申请取得种子生产经营许可证的，应当具有与种子生产经营相适应的生产经营设施、设备及专业技术人员，以及法规和国务院农业农村、林业草原主管部门规定的其他条件。

从事种子生产的，还应当同时具有繁殖种子的隔离和培育条件，具有无检疫性有害生物的种子生产地点或者县级以上人民政府林业草原主管部门确定的采种林。

申请领取具有植物新品种权的种子生产经营许可证的，应当征得植物新品种权所有人的书面同意。

3.不需要办理种子生产经营许可证的情况

第三十七条 农民个人自繁自用的常规种子有剩余的，可以在当地集贸市场上出售、串换，不需要办理种子生产经营许可证。

第三十八条 种子生产经营许可证的有效区域由发证机关在其管辖范围内确定。种子生产经营者在种子生产经营许可证载明的有效区域设立分支机构的，专门经营不再分装的包装种子的，或者受具有种子生产经营许可证的种子生产经营者以书面委托生产、代销其种子的，不需要办理种子生产经营许可证，但应当向当地农业农村、林业草原主管部门备案。

实行选育生产经营相结合，符合国务院农业农村、林业草原主管部门规定条件的种子企业的生产经营许可证的有效区域为全国。

严格商品种子管理

1.种子生产的要求

第三十四条 种子生产应当执行种子生产技术规程和种子检验、检疫规程，保证种子符合净度、纯度、发芽率等质量要求和检疫要求。

县级以上人民政府农业农村、林业草原主管部门应当指导、支持种子生产经营者采用先进的种子生产技术，改进生产工艺，提高种子质量。

第三十五条 在林木种子生产基地内采集种子的，由种子生产基地的经营者组织进行，采集种子应当按照国家有关标准进行。

禁止抢采掠青、损坏母树，禁止在劣质林内、劣质母树上采集种子。

2.种子生产经营应遵守的规定

第三十九条 销售的种子应当加工、分级、包装。但是不能加工、包装的除外。

大包装或者进口种子可以分装；实行分装的，应当标注分装单位，并对种子质量负责。

第四十条 销售的种子应当符合国家或者行业标准，附有标签和使用说明。标签和使用说明标注的内容应当与销售的种子相符。种子生产经营者对标注内容的真实性和种子质量负责。

标签应当标注种子类别、品种名称、品种审定或者登记编号、品种适宜种植区域及季节、生产经营者及注册地、质量指标、检疫证明编号、种子生产经营许可证编号和信息代码,以及国务院农业农村、林业草原主管部门规定的其他事项。

销售授权品种种子的,应当标注品种权号。

销售进口种子的,应当附有进口审批文号和中文标签。

销售转基因植物品种种子的,必须用明显的文字标注,并应当提示使用时的安全控制措施。

种子生产经营者应当遵守有关法律、法规的规定,诚实守信,向种子使用者提供种子生产者信息、种子的主要性状、主要栽培措施、适应性等使用条件的说明、风险提示与有关咨询服务,不得作虚假或者引人误解的宣传。

任何单位和个人不得非法干预种子生产经营者的生产经营自主权。

种子使用

第四十三条 种子使用者有权按照自己的意愿购买种子,任何单位和个人不得非法干预。

第四十四条 国家对推广使用林木良种造林给予扶持。国家投资或者国家投资为主的造林项目和国有林业单位造林,应当根据林业草原主管部门制定的计划使用林木良种。

第四十五条 种子使用者因种子质量问题或者因种子的标签和使用说明标注的内容不真实,遭受损失的,种子使用者可以向出售种子的经营者要求赔偿,也可以向种子生产者或者其他经营者要求赔偿。赔偿额包括购种价款、可得利益损失和其他损失。属于种子生产者或者其他经营者责任的,出售种子的经营者赔偿后,有权向种子生产者或者其他经营者追偿;属于出售种子的经营者责任的,种子生产者或者其他经营者赔偿后,有权向出售种子的经营者追偿。

加强市场监管

第四十九条 农业农村、林业草原主管部门是种子行政执法机关。种子执法人员依法执行公务时应当出示行政执法证件。农业农村、林业草原主管部门依法履行种子监督检查职责时,有权采取下列措施:

(一)进入生产经营场所进行现场检查;

(二)对种子进行取样测试、试验或者检验;

(三)查阅、复制有关合同、票据、账簿、生产经营档案及其他有关资料;

(四)查封、扣押有证据证明违法生产经营的种子,以及用于违法生产经营的工具、设备及运输工具等；

（五）查封违法从事种子生产经营活动的场所。

农业农村、林业草原主管部门依照本法规定行使职权，当事人应当协助、配合，不得拒绝、阻挠。

农业农村、林业草原主管部门所属的综合执法机构或者受其委托的种子管理机构，可以开展种子执法相关工作。

第二节 肥料登记管理

《肥料登记管理办法》，2000 年 6 月 23 日农业部令第 32 号公布，2004 年 7 月 1 日农业部令第 38 号、2017 年 11 月 30 日农业部令 2017 年第 8 号、2022 年 1 月 7 日农业农村部令 2022 年第 1 号修订。

登记申请

第七条 凡经工商注册，具有独立法人资格的肥料生产者均可提出肥料登记申请。

第八条 农业农村部制定并发布《肥料登记资料要求》。

肥料生产者申请肥料登记，应按照《肥料登记资料要求》提供产品化学、肥效、安全性、标签等方面资料和有代表性的肥料样品。

第九条 农业农村部负责办理肥料登记受理手续，并审查登记申请资料是否齐全。

境内生产者申请肥料登记，其申请登记资料应经其所在地省级农业农村主管部门初审后，向农业农村部提出申请。

第十二条 有下列情形的肥料产品，登记申请不予受理：

（一）没有生产国使用证明（登记注册）的国外产品；

（二）不符合国家产业政策的产品；

（三）知识产权有争议的产品；

（四）不符合国家有关安全、卫生、环保等国家或行业标准要求的产品。

第十三条 对经农田长期使用，有国家或行业标准的下列产品免予登记：

硫酸铵，尿素，硝酸铵，氰氨化钙，磷酸铵（磷酸一铵、二铵），硝酸磷肥，过磷酸钙，氯化钾，硫酸钾，硝酸钾，氯化铵，碳酸氢铵，钙镁磷肥，磷酸二氢钾，单一微量元素肥，高浓度复合肥。

登记审批

第十四条 农业农村部负责全国肥料的登记审批、登记证发放和公告工作。

第十七条 农业农村部对符合下列条件的产品直接审批、发放肥料登记证：

（一）有国家或行业标准，经检验质量合格的产品。

（二）经肥料登记评审委员会建议并由农业农村部认定的产品类型，申请登记资料齐全，经检验质量合格的产品。

第十八条 农业农村部根据具体情况决定召开肥料登记评审委员会全体会议。

第十九条 肥料商品名称的命名应规范，不得有误导作用。

第二十条 肥料登记证有效期为五年。肥料登记证有效期满，需要继续生产、销售该产品的，应当在有效期满六个月前提出续展登记申请，符合条件的经农业农村部批准续展登记。续展有效期为五年。

登记证有效期满没有提出续展登记申请的，视为自动撤销登记。登记证有效期满后提出续展登记申请的，应重新办理登记。

第二十五条 肥料登记受理和审批单位及有关人员应为生产者提供的资料和样品保守技术秘密。

罚则

第二十六条 有下列情形之一的，由县级以上农业农村主管部门给予警告，并处违法所得3倍以下罚款，但最高不得超过30000元；没有违法所得的，处10000元以下罚款：

（一）生产、销售未取得登记证的肥料产品；

（二）假冒、伪造肥料登记证、登记证号的；

（三）生产、销售的肥料产品有效成分或含量与登记批准的内容不符的。

第二十七条 有下列情形之一的，由县级以上农业农村主管部门给予警告，并处违法所得3倍以下罚款，但最高不得超过20000元；没有违法所得的，处10000元以下罚款：

（一）转让肥料登记证或登记证号的；

（二）登记证有效期满未经批准续展登记而继续生产该肥料产品的；

（三）生产、销售包装上未附标签、标签残缺不清或者擅自修改标签内容的。

第三节 农药登记管理

《农药管理条例》已经2017年2月8日国务院第164次常务会议修订通过，自2017年6月1日起施行。

农药登记

第七条 国家实行农药登记制度。农药生产企业、向中国出口农药的企业应当依照本条例的规定申请农药登记，新农药研制者可以依照本条例的规定申请农药登记。

第十三条 农药登记证应当载明农药名称、剂型、有效成分及其含量、毒性、使用范围、使用方法和剂量、登记证持有人、登记证号以及有效期等事项。

农药登记证有效期为5年。有效期届满，需要继续生产农药或者向中国出口农药的，农药登记证持有人应当在有效期届满90日前向国务院农业主管部门申请延续。

农药登记证载明事项发生变化的，农药登记证持有人应当按照国务院农业主管部门的规定申请变更农药登记证。

国务院农业主管部门应当及时公告农药登记证核发、延续、变更情况以及有关的农药产品质量标准号、残留限量规定、检验方法、经核准的标签等信息。

农药生产

第十六条 农药生产应当符合国家产业政策。国家鼓励和支持农药生产企业采用先进技术和先进管理规范，提高农药的安全性、有效性。

第十七条 国家实行农药生产许可制度。农药生产企业应当具备下列条件，并按照国务院农业主管部门的规定向省、自治区、直辖市人民政府农业主管部门申请农药生产许可证：

（一）有与所申请生产农药相适应的技术人员；

（二）有与所申请生产农药相适应的厂房、设施；

（三）有对所申请生产农药进行质量管理和质量检验的人员、仪器和设备；

（四）有保证所申请生产农药质量的规章制度。

省、自治区、直辖市人民政府农业主管部门应当自受理申请之日起20个工作日内作出审批决定，必要时应当进行实地核查。符合条件的，核发农药生产许可证；不符合条件的，书面通知申请人并说明理由。

安全生产、环境保护等法律、行政法规对企业生产条件有其他规定的，农药生产企业还应当遵守其规定。

第二十一条 农药生产企业应当严格按照产品质量标准进行生产，确保农药产品与登记农药一致。农药出厂销售，应当经质量检验合格并附具产品质量检验合格证。

农药生产企业应当建立农药出厂销售记录制度，如实记录农药的名称、规格、数量、生产日期和批号、产品质量检验信息、购货人名称及其联系方式、销售日期等内容。农药出厂销售记录应当保存2年以上。

第二十二条 农药包装应当符合国家有关规定，并印制或者贴有标签。国家鼓励农药生产企业使用可回收的农药包装材料。

农药标签应当按照国务院农业主管部门的规定，以中文标注农药的名称、剂型、有效成分及其含量、毒性及其标识、使用范围、使用方法和剂量、使用技术要求和注意事项、生产日期、可追溯电子信息码等内容。

剧毒、高毒农药以及使用技术要求严格的其他农药等限制使用农药的标签还应当标注“限制使用”字样，并注明使用的特别限制和特殊要求。用于食用农产品的农药的标签还应当标注安全间隔期。

农药经营

第二十四条 国家实行农药经营许可制度，但经营卫生用农药的除外。农药经营者应当具备下列条件，并按照国务院农业主管部门的规定向县级以上地方人民政府农业主管部门申请农药经营许可证：

（一）有具备农药和病虫害防治专业知识，熟悉农药管理规定，能够指导安全合理使用农药的经营人员；

（二）有与其他商品以及饮用水水源、生活区域等有效隔离的营业场所和仓储场所，并配备与所申请经营农药相适应的防护设施；

（三）有与所申请经营农药相适应的质量管理、台账记录、安全防护、应急处置、仓储管理等制度。

经营限制使用农药的，还应当配备相应的用药指导和病虫害防治专业技术人员，并按照所在地省、自治区、直辖市人民政府农业主管部门的规定实行定点经营。

县级以上地方人民政府农业主管部门应当自受理申请之日起20个工作日内作出审批决定。符合条件的，核发农药经营许可证；不符合条件的，书面通知申请人并说明理由。

第二十五条 农药经营许可证应当载明农药经营者名称、住所、负责人、经营范围以及有效期等事项。

农药经营许可证有效期为5年。有效期届满，需要继续经营农药的，农药经营者应当在有效期届满90日前向发证机关申请延续。

农药经营许可证载明事项发生变化的，农药经营者应当按照国务院农业主管部门的规定申请变更农药经营许可证。

第二十七条 农药经营者应当建立销售台账，如实记录销售农药的名称、规格、数量、生产企业、购买人、销售日期等内容。销售台账应当保存2年以上。

农药经营者应当向购买人询问病虫害发生情况并科学推荐农药，必要时应当实地查看病虫害发生情况，并正确说明农药的使用范围、使用方法和剂量、使用技术要求和注意事项，不得误导购买人。

经营卫生用农药的，不适用本条第一款、第二款的规定。

第二十八条 农药经营者不得加工、分装农药，不得在农药中添加任何物质，不得采购、销售包装和标签不符合规定，未附具产品质量检验合格证，未取得有关许可证明文件的农药。

经营卫生用农药的，应当将卫生用农药与其他商品分柜销售；经营其他农药的，不得在农药经营场所内经营食品、食用农产品、饲料等。

农药使用

第三十条 县级以上人民政府农业主管部门应当加强农药使用指导、服务工作，建立健全农药安全、合理使用制度，并按照预防为主、综合防治的要求，组织推广农药科学使用技术，规范农药使用行为。林业、粮食、卫生等部门应当加强对林业、储粮、卫生用农药安全、合理使用的技术指导，环境保护主管部门应当加强对农药使用过程中环境保护和污染防治的技术指导。

第三十三条 农药使用者应当遵守国家有关农药安全、合理使用制度，妥善保管农药，并在配药、用药过程中采取必要的防护措施，避免发生农药使用事故。

限制使用农药的经营者应当为农药使用者提供用药指导，并逐步提供统一用药服务。

第三十四条 农药使用者应当严格按照农药的标签标注的使用范围、使用方法和剂量、使用技术要求和注意事项使用农药，不得扩大使用范围、加大用药剂量或者改变使用方法。

农药使用者不得使用禁用的农药。

标签标注安全间隔期的农药，在农产品收获前应当按照安全间隔期的要求停止使用。

剧毒、高毒农药不得用于防治卫生害虫，不得用于蔬菜、瓜果、茶叶、菌类、中草药材的生产，不得用于水生植物的病虫害防治。

监督管理

第四十一条 县级以上人民政府农业主管部门履行农药监督管理职责，可以依法采取下列措施：

（一）进入农药生产、经营、使用场所实施现场检查；

（二）对生产、经营、使用的农药实施抽查检测；

（三）向有关人员调查了解有关情况；

（四）查阅、复制合同、票据、账簿以及其他有关资料；

（五）查封、扣押违法生产、经营、使用的农药，以及用于违法生产、经营、使用农药的工具、设备、原材料等；

（六）查封违法生产、经营、使用农药的场所。

第四十二条 国家建立农药召回制度。农药生产企业发现其生产的农药对农业、林业、人畜安全、农产品质量安全、生态环境等有严重危害或者较大风险的，应当立即停止生产，通知有关经营者和使用者，向所在地农业主管部门报告，主动召回产品，并记录通知和召回情况。

农药经营者发现其经营的农药有前款规定的情形的，应当立即停止销售，通知有关生产企业、供货人和购买人，向所在地农业主管部门报告，并记录停止销售和通知情况。

农药使用者发现其使用的农药有本条第一款规定的情形的，应当立即停止使用，通知经营者，并向所在地农业主管部门报告。

第四十四条 有下列情形之一的，认定为假农药：

（一）以非农药冒充农药；

（二）以此种农药冒充他种农药；

（三）农药所含有效成分种类与农药的标签、说明书标注的有效成分不符。

禁用的农药，未依法取得农药登记证而生产、进口的农药，以及未附具标签的农药，按照假农药处理。

第四十五条 有下列情形之一的，认定为劣质农药：

（一）不符合农药产品质量标准；

（二）混有导致药害等有害成分。

超过农药质量保证期的农药，按照劣质农药处理。

法律责任

第四十九条 县级以上人民政府农业主管部门及其工作人员有下列行为之一的，由本级人民政府责令改正；对负有责任的领导人员和直接责任人员，依法给予处分；负有责任的领导人员和直接责任人员构成犯罪的，依法追究刑事责任：

（一）不履行监督管理职责，所辖行政区域的违法农药生产、经营活动造成重大损失或者恶劣社会影响；

（二）对不符合条件的申请人准予许可或者对符合条件的申请人拒不准予许可；

（三）参与农药生产、经营活动；

（四）有其他徇私舞弊、滥用职权、玩忽职守行为。

第五十六条 农药经营者经营劣质农药的，由县级以上地方人民政府农业主管部门责令停止经营，没收违法所得、违法经营的农药和用于违法经营的工具、设备等，违法经营的农药货值金额不足 1 万元的，并处 2000 元以上 2 万元以下罚款，货值金额 1 万元以上的，并处货值金额 2 倍以上 5 倍以下罚款；情节严重的，由发证机关吊销农药经营许可证；构成犯罪的，依法追究刑事责任。

第五十七条 农药经营者有下列行为之一的，由县级以上地方人民政府农业主管部门责令改正，没收违法所得和违法经营的农药，并处 5000 元以上 5 万元以下罚款；拒不改正或者情节严重的，由发证机关吊销农药经营许可证：

（一）设立分支机构未依法变更农药经营许可证，或者未向分支机构所在地县级以上地方人民政府农业主管部门备案；

（二）向未取得农药生产许可证的农药生产企业或者未取得农药经营许可证的其他农药经营者采购农药；

（三）采购、销售未附具产品质量检验合格证或者包装、标签不符合规定的农药；

（四）不停止销售依法应当召回的农药。

第五十八条 农药经营者有下列行为之一的，由县级以上地方人民政府农业主管部门责令改正；拒不改正或者情节严重的，处 2000 元以上 2 万元以下罚款，并由发证机关吊销农药经营许可证：

（一）不执行农药采购台账、销售台账制度；

（二）在卫生用农药以外的农药经营场所内经营食品、食用农产品、饲料等；

（三）未将卫生用农药与其他商品分柜销售；

（四）不履行农药废弃物回收义务。

第六十四条 生产、经营的农药造成农药使用者人身、财产损害的，农药使用者可以向农药生产企业要求赔偿，也可以向农药经营者要求赔偿。属于农药生产企业责任的，农药经营者赔偿后有权向农药生产企业追偿；属于农药经营者责任的，农药生产企业赔偿后有权向农药经营者追偿。

第四节 兽药管理

《兽药管理条例》，2004年4月9日中华人民共和国国务院令第404号公布，根据2020年3月27日《国务院关于修改和废止部分行政法规的决定》第三次修订。

兽药生产

1.兽药生产企业应当具备的条件

第十一条 从事兽药生产的企业，应当符合国家兽药行业发展规划和产业政策，并具备下列条件：

（一）与所生产的兽药相适应的兽医学、药学或者相关专业的技术人员；

（二）与所生产的兽药相适应的厂房、设施；

（三）与所生产的兽药相适应的兽药质量管理和质量检验的机构、人员、仪器设备；

（四）符合安全、卫生要求的生产环境；

（五）兽药生产质量管理规范规定的其他生产条件。

符合前款规定条件的，申请人方可向省、自治区、直辖市人民政府兽医行政管理部门提出申请，并附具符合前款规定条件的证明材料；省、自治区、直辖市人民政府兽医行政管理部门应当自收到申请之日起40个工作日内完成审查。经审查合格的，发给兽药生产许可证；不合格的，应当书面通知申请人。

2.兽药生产许可证

第十二条 兽药生产许可证应当载明生产范围、生产地点、有效期和法定代表人姓名、住址等事项。

兽药生产许可证有效期为5年。有效期届满，需要继续生产兽药的，应当在许可证有效期届满前6个月到发证机关申请换发兽药生产许可证。

第十三条 兽药生产企业变更生产范围、生产地点的，应当依照本条例第十一条的规定申请换发兽药生产许可证；变更企业名称、法定代表人的，应当在办理工商变更登记手续后15个工作日内，到发证机关申请换发兽药生产许可证。

3.兽药生产企业的生产质量管理

第十四条 兽药生产企业应当按照国务院兽医行政管理部门制定的兽药生产质量管理规范组织生产。

省级以上人民政府兽医行政管理部门，应当对兽药生产企业是否符合兽药生产质量管理规范的要求进行监督检查，并公布检查结果。

第十五条 兽药生产企业生产兽药，应当取得国务院兽医行政管理部门核发的产品批准文号，产品批准文号的有效期为5年。兽药产品批准文号的核发办法由国务院兽医行政管理部门制定。

第十六条 兽药生产企业应当按照兽药国家标准和国务院兽医行政管理部门批准的生产工艺进行生产。兽药生产企业改变影响兽药质量的生产工艺的，应当报原批准部门审核批准。

兽药生产企业应当建立生产记录，生产记录应当完整、准确。

第十七条 生产兽药所需的原料、辅料，应当符合国家标准或者所生产兽药的质量要求。

直接接触兽药的包装材料和容器应当符合药用要求。

第十八条 兽药出厂前应当经过质量检验，不符合质量标准的不得出厂。

兽药出厂应当附有产品质量合格证。

禁止生产假、劣兽药。

第二十条 兽药包装应当按照规定印有或者贴有标签，附具说明书，并在显著位置注明“兽用”字样。

兽药的标签和说明书经国务院兽医行政管理部门批准并公布后，方可使用。

兽药的标签或者说明书，应当以中文注明兽药的通用名称、成分及其含量、规格、生产企业、产品批准文号（进口兽药注册证号）、产品批号、生产日期、有效期、适应症或者功能主治、用法、用量、休药期、禁忌、不良反应、注意事项、运输贮存保管条件及其他应当说明的内容。有商品名称的，还应当注明商品名称。

除前款规定的内容外，兽用处方药的标签或者说明书还应当印有国务院兽医行政管理部门规定的警示内容，其中兽用麻醉药品、精神药品、毒性药品和放射性药品还应当印有国务院兽医行政管理部门规定的特殊标志；兽用非处方药的标签或者说明书还应当印有国务院兽医行政管理部门规定的非处方药标志。

兽药经营

1.经营兽药的企业应具备的条件

第二十二条 经营兽药的企业，应当具备下列条件：

（一）与所经营的兽药相适应的兽药技术人员；

（二）与所经营的兽药相适应的营业场所、设备、仓库设施；

（三）与所经营的兽药相适应的质量管理机构或者人员；

（四）兽药经营质量管理规范规定的其他经营条件。

符合前款规定条件的，申请人方可向市、县人民政府兽医行政管理部门提出申请，并附具符合前款规定条件的证明材料；经营兽用生物制品的，应当向省、自治区、直辖市人民政府兽医行政管理部门提出申请，并附具符合前款规定条件的证明材料。

县级以上地方人民政府兽医行政管理部门，应当自收到申请之日起30个工作日内完成审查。审查合格的，发给兽药经营许可证；不合格的，应当书面通知申请人。

第二十三条 兽药经营许可证应当载明经营范围、经营地点、有效期和法定代表人姓名、住址等事项。

兽药经营许可证有效期为5年。有效期届满，需要继续经营兽药的，应当在许可证有效期届满前6个月到发证机关申请换发兽药经营许可证。

第二十四条 兽药经营企业变更经营范围、经营地点的，应当依照本条例第二十二条的规定申请换发兽药经营许可证；变更企业名称、法定代表人的，应当在办理工商变更登记手续后15个工作日内，到发证机关申请换发兽药经营许可证。

2.规范经营

第二十六条 兽药经营企业购进兽药，应当将兽药产品与产品标签或者说明书、产品质量合格证核对无误。

第二十七条 兽药经营企业，应当向购买者说明兽药的功能主治、用法、用量和注意事项。销售兽用处方药的，应当遵守兽用处方药管理办法。

兽药经营企业销售兽用中药材的，应当注明产地。

禁止兽药经营企业经营人用药品和假、劣兽药。

第二十八条 兽药经营企业购销兽药，应当建立购销记录。购销记录应当载明兽药的商品名称、通用名称、剂型、规格、批号、有效期、生产厂商、购销单位、购销数量、购销日期和国务院兽医行政管理部门规定的其他事项。

第二十九条 兽药经营企业，应当建立兽药保管制度，采取必要的冷藏、防冻、防潮、防虫、防鼠等措施，保持所经营兽药的质量。

兽药入库、出库，应当执行检查验收制度，并有准确记录。

第三十条 强制免疫所需兽用生物制品的经营，应当符合国务院兽医行政管理部门的规定。

第三十一条 兽药广告的内容应当与兽药说明书内容相一致，在全国重点媒体发布兽药广告的，应当经国务院兽医行政管理部门审查批准，取得兽药广告审查批准文号。在地方媒体发布兽药广告的，应当经省、自治区、直辖市人民政府兽医行政管理部门审查批准，取得兽药广告审查批准文号；未经批准的，不得发布。

兽药使用

第三十八条 兽药使用单位，应当遵守国务院兽医行政管理部门制定的兽药安全使用规定，并建立用药记录。

第三十九条 禁止使用假、劣兽药以及国务院兽医行政管理部门规定禁止使用的药品和其他化合物。禁止使用的药品和其他化合物目录由国务院兽医行政管理部门制定公布。

第四十条 有休药期规定的兽药用于食用动物时，饲养者应当向购买者或者屠宰者提供准确、真实的用药记录；购买者或者屠宰者应当确保动物及其产品在用药期、休药期内不被用于食品消费。

第四十一条 国务院兽医行政管理部门，负责制定公布在饲料中允许添加的药物饲料添加剂品种目录。

禁止在饲料和动物饮用水中添加激素类药品和国务院兽医行政管理部门规定的其他禁用药品。

经批准可以在饲料中添加的兽药，应当由兽药生产企业制成药物饲料添加剂后方可添加。禁止将原料药直接添加到饲料及动物饮用水中或者直接饲喂动物。

禁止将人用药品用于动物。

兽药监督管理

1.管理机关

第四十四条 县级以上人民政府兽医行政管理部门行使兽药监督管理权。

兽药检验工作由国务院兽医行政管理部门和省、自治区、直辖市人民政府兽医行政管理部门设立的兽药检验机构承担。国务院兽医行政管理部门，可以根据需要认定其他检验机构承担兽药检验工作。

当事人对兽药检验结果有异议的，可以自收到检验结果之日起7个工作日内向实施检验的机构或者上级兽医行政管理部门设立的检验机构申请复检。

第四十五条 兽药应当符合兽药国家标准。

国家兽药典委员会拟定的、国务院兽医行政管理部门发布的《中华人民共和国兽药典》和国务院兽医行政管理部门发布的其他兽药质量标准为兽药国家标准。

兽药国家标准的标准品和对照品的标定工作由国务院兽医行政管理部门设立的兽药检验机构负责。

第四十六条 兽医行政管理部门依法进行监督检查时，对有证据证明可能是假、劣兽药的，应当采取查封、扣押的行政强制措施，并自采取行政强制措施之日起7个工作日内作出是否立案的决定；需要检验的，应当自检验报告书发出之日起15个工作日内作出是否立案的决定；不符合立案条件的，应当解除行政强制措施；需要暂停生产的，由国务院兽医行政管理部门或者省、自治区、直辖市人民政府兽医行政管理部门按照权限作出决定；需要暂停经营、使用的，由县级以上人民政府兽医行政管理部门按照权限作出决定。

未经行政强制措施决定机关或者其上级机关批准，不得擅自转移、使用、销毁、销售被查封或者扣押的兽药及有关材料。

2.假、劣兽药

第四十七条 有下列情形之一的，为假兽药：

（一）以非兽药冒充兽药或者以他种兽药冒充此种兽药的；

（二）兽药所含成分的种类、名称与兽药国家标准不符合的。

有下列情形之一的，按照假兽药处理：

（一）国务院兽医行政管理部门规定禁止使用的；

（二）依照本条例规定应当经审查批准而未经审查批准即生产、进口的，或者依照本条例规定应当经抽查检验、审查核对而未经抽查检验、审查核对即销售、进口的；

（三）变质的；

（四）被污染的；

（五）所标明的适应症或者功能主治超出规定范围的。

第四十八条 有下列情形之一的，为劣兽药：

（一）成分含量不符合兽药国家标准或者不标明有效成分的；

（二）不标明或者更改有效期或者超过有效期的；

（三）不标明或者更改产品批号的；

（四）其他不符合兽药国家标准，但不属于假兽药的。

第五节 饲料和饲料添加剂管理

《饲料和饲料添加剂管理条例》，1999 年 5 月 29 日中华人民共和国国务院令第 266 号发布，根据 2017 年 3 月 1 日《国务院关于修改和废止部分行政法规的决定》第四次修订。

饲料和饲料添加剂的生产与经营概述

1.饲料和饲料添加剂的定义

第二条 本条例所称饲料，是指经工业化加工、制作的供动物食用的产品，包括单一饲料、添加剂预混合饲料、浓缩饲料、配合饲料和精料补充料。

本条例所称饲料添加剂，是指在饲料加工、制作、使用过程中添加的少量或者微量物质，包括营养性饲料添加剂和一般饲料添加剂。

饲料原料目录和饲料添加剂品种目录由国务院农业行政主管部门制定并公布。

2.管理机构

第三条 国务院农业行政主管部门负责全国饲料、饲料添加剂的监督管理工作。

县级以上地方人民政府负责饲料、饲料添加剂管理的部门（以下简称饲料管理部门），负责本行政区域饲料、饲料添加剂的监督管理工作。

第四条 县级以上地方人民政府统一领导本行政区域饲料、饲料添加剂的监督管理工作，建立健全监督管理机制，保障监督管理工作的开展。

第五条 饲料、饲料添加剂生产企业、经营者应当建立健全质量安全制度，对其生产、经营的饲料、饲料添加剂的质量安全负责。

第六条 任何组织或者个人有权举报在饲料、饲料添加剂生产、经营、使用过程中违反本条例的行为，有权对饲料、饲料添加剂监督管理工作提出意见和建议。

审定和登记

第七条 国家鼓励研制新饲料、新饲料添加剂。

研制新饲料、新饲料添加剂，应当遵循科学、安全、有效、环保的原则，保证新饲料、新饲料添加剂的质量安全。

第八条 研制的新饲料、新饲料添加剂投入生产前，研制者或者生产企业应当向国务院农业行政主管部门提出审定申请，并提供该新饲料、新饲料添加剂的样品和下列资料：

（一）名称、主要成分、理化性质、研制方法、生产工艺、质量标准、检测方法、检验报告、稳定性试验报告、环境影响报告和污染防治措施；

（二）国务院农业行政主管部门指定的试验机构出具的该新饲料、新饲料添加剂的饲喂效果、残留消解动态以及毒理学安全性评价报告。

申请新饲料添加剂审定的，还应当说明该新饲料添加剂的添加目的、使用方法，并提供该饲料添加剂残留可能对人体健康造成影响的分析评价报告。

第九条 国务院农业行政主管部门应当自受理申请之日起5个工作日内，将新饲料、新饲料添加剂的样品和申请资料交全国饲料评审委员会，对该新饲料、新饲料添加剂的安全性、有效性及其对环境的影响进行评审。

全国饲料评审委员会由养殖、饲料加工、动物营养、毒理、药理、代谢、卫生、化工合成、生物技术、质量标准、环境保护、食品安全风险评估等方面的专家组成。全国饲料评审委员会对新饲料、新饲料添加剂的评审采取评审会议的形式，评审会议应当有9名以上全国饲料评审委员会专家参加，根据需要也可以邀请1至2名全国饲料评审委员会专家以外的专家参加，参加评审的专家对评审事项具有表决权。评审会议应当形成评审意见和会议纪要，并由参加评审的专家审核签字；有不同意见的，应当注明。参加评审的专家应当依法公平、公正履行职责，对评审资料保密，存在回避事由的，应当主动回避。

全国饲料评审委员会应当自收到新饲料、新饲料添加剂的样品和申请资料之日起9个月内出具评审结果并提交国务院农业行政主管部门；但是，全国饲料评审委员会决定由申请人进行相关试验的，经国务院农业行政主管部门同意，评审时间可以延长3个月。

国务院农业行政主管部门应当自收到评审结果之日起10个工作日内作出是否核发新饲料、新饲料添加剂证书的决定；决定不予核发的，应当书面通知申请人并说明理由。

第十条 国务院农业行政主管部门核发新饲料、新饲料添加剂证书，应当同时按照职责权限公布该新饲料、新饲料添加剂的产品质量标准。

第十一条 新饲料、新饲料添加剂的监测期为5年。新饲料、新饲料添加剂处于监测期的，不受理其他就该新饲料、新饲料添加剂的生产申请和进口登记申请，但超过3年不投入生产的除外。

生产企业应当收集处于监测期的新饲料、新饲料添加剂的质量稳定性及其对动物产品质量安全的影响等信息,并向国务院农业行政主管部门报告;国务院农业行政主管部门应当对新饲料、新饲料添加剂的质量安全状况组织跟踪监测,证实其存在安全问题的,应当撤销新饲料、新饲料添加剂证书并予以公告。

生产、经营和使用

1.设立饲料、饲料添加剂生产企业应具备的条件

第十四条 设立饲料、饲料添加剂生产企业,应当符合饲料工业发展规划和产业政策,并具备下列条件:

(一)有与生产饲料、饲料添加剂相适应的厂房、设备和仓储设施;

(二)有与生产饲料、饲料添加剂相适应的专职技术人员;

(三)有必要的产品质量检验机构、人员、设施和质量管理制度;

(四)有符合国家规定的安全、卫生要求的生产环境;

(五)有符合国家环境保护要求的污染防治措施;

(六)国务院农业行政主管部门制定的饲料、饲料添加剂质量安全管理规范规定的其他条件。

2.申请从事饲料、饲料添加剂生产企业的资质

第十五条 申请从事饲料、饲料添加剂生产的企业,申请人应当向省、自治区、直辖市人民政府饲料管理部门提出申请。省、自治区、直辖市人民政府饲料管理部门应当自受理申请之日起10个工作日内进行书面审查;审查合格的,组织进行现场审核,并根据审核结果在10个工作日内作出是否核发生产许可证的决定。

生产许可证有效期为5年。生产许可证有效期满需要继续生产饲料、饲料添加剂的,应当在有效期届满6个月前申请续展。

第十六条 饲料添加剂、添加剂预混合饲料生产企业取得国务院农业行政主管部门核发的生产许可证后,由省、自治区、直辖市人民政府饲料管理部门按照国务院农业行政主管部门的规定,核发相应的产品批准文号。

3.饲料、饲料添加剂生产企业的管理

第十七条 饲料、饲料添加剂生产企业应当按照国务院农业行政主管部门的规定和有关标准,对采购的饲料原料、单一饲料、饲料添加剂、药物饲料添加剂、添加剂预混合饲料和用于饲料添加剂生产的原料进行查验或者检验。

饲料生产企业使用限制使用的饲料原料、单一饲料、饲料添加剂、药物饲料添加剂、

添加剂预混合饲料生产饲料的，应当遵守国务院农业行政主管部门的限制性规定。禁止使用国务院农业行政主管部门公布的饲料原料目录、饲料添加剂品种目录和药物饲料添加剂品种目录以外的任何物质生产饲料。

饲料、饲料添加剂生产企业应当如实记录采购的饲料原料、单一饲料、饲料添加剂、药物饲料添加剂、添加剂预混合饲料和用于饲料添加剂生产的原料的名称、产地、数量、保质期、许可证明文件编号、质量检验信息、生产企业名称或者供货者名称及其联系方式、进货日期等。记录保存期限不得少于2年。

第十八条 饲料、饲料添加剂生产企业，应当按照产品质量标准以及国务院农业行政主管部门制定的饲料、饲料添加剂质量安全管理规范和饲料添加剂安全使用规范组织生产，对生产过程实施有效控制并实行生产记录和产品留样观察制度。

第十九条 饲料、饲料添加剂生产企业应当对生产的饲料、饲料添加剂进行产品质量检验；检验合格的，应当附具产品质量检验合格证。未经产品质量检验、检验不合格或者未附具产品质量检验合格证的，不得出厂销售。

饲料、饲料添加剂生产企业应当如实记录出厂销售的饲料、饲料添加剂的名称、数量、生产日期、生产批次、质量检验信息、购货者名称及其联系方式、销售日期等。记录保存期限不得少于2年。

第二十条 出厂销售的饲料、饲料添加剂应当包装，包装应当符合国家有关安全、卫生的规定。

饲料生产企业直接销售给养殖者的饲料可以使用罐装车运输。罐装车应当符合国家有关安全、卫生的规定，并随罐装车附具符合本条例第二十一条规定的标签。

易燃或者其他特殊的饲料、饲料添加剂的包装应当有警示标志或者说明，并注明储运注意事项。

第二十一条 饲料、饲料添加剂的包装上应当附具标签。标签应当以中文或者适用符号标明产品名称、原料组成、产品成分分析保证值、净重或者净含量、贮存条件、使用说明、注意事项、生产日期、保质期、生产企业名称以及地址、许可证明文件编号和产品质量标准等。加入药物饲料添加剂的，还应当标明“加入药物饲料添加剂”字样，并标明其通用名称、含量和休药期。乳和乳制品以外的动物源性饲料，还应当标明“本产品不得饲喂反刍动物”字样。

4.饲料和饲料添加剂经营

第二十二条 饲料、饲料添加剂经营者应当符合下列条件：

（一）有与经营饲料、饲料添加剂相适应的经营场所和仓储设施；

（二）有具备饲料、饲料添加剂使用、贮存等知识的技术人员；

（三）有必要的产品质量管理和安全管理制度。

第二十三条　饲料、饲料添加剂经营者进货时应当查验产品标签、产品质量检验合格证和相应的许可证明文件。

饲料、饲料添加剂经营者不得对饲料、饲料添加剂进行拆包、分装，不得对饲料、饲料添加剂进行再加工或者添加任何物质。

禁止经营用国务院农业行政主管部门公布的饲料原料目录、饲料添加剂品种目录和药物饲料添加剂品种目录以外的任何物质生产的饲料。

饲料、饲料添加剂经营者应当建立产品购销台账，如实记录购销产品的名称、许可证明文件编号、规格、数量、保质期、生产企业名称或者供货者名称及其联系方式、购销时间等。购销台账保存期限不得少于2年。

第二十四条　向中国出口的饲料、饲料添加剂应当包装，包装应当符合中国有关安全、卫生的规定，并附具符合本条例第二十一条规定的标签。

向中国出口的饲料、饲料添加剂应当符合中国有关检验检疫的要求，由出入境检验检疫机构依法实施检验检疫，并对其包装和标签进行核查。包装和标签不符合要求的，不得入境。

境外企业不得直接在中国销售饲料、饲料添加剂。境外企业在中国销售饲料、饲料添加剂的，应当依法在中国境内设立销售机构或者委托符合条件的中国境内代理机构销售。

5.饲料和饲料添加剂使用

第二十五条　养殖者应当按照产品使用说明和注意事项使用饲料。在饲料或者动物饮用水中添加饲料添加剂的，应当符合饲料添加剂使用说明和注意事项的要求，遵守国务院农业行政主管部门制定的饲料添加剂安全使用规范。

养殖者使用自行配制的饲料的，应当遵守国务院农业行政主管部门制定的自行配制饲料使用规范，并不得对外提供自行配制的饲料。

使用限制使用的物质养殖动物的，应当遵守国务院农业行政主管部门的限制性规定。禁止在饲料、动物饮用水中添加国务院农业行政主管部门公布禁用的物质以及对人体具有直接或者潜在危害的其他物质，或者直接使用上述物质养殖动物。禁止在反刍动物饲料中添加乳和乳制品以外的动物源性成分。

第二十八条　饲料、饲料添加剂生产企业发现其生产的饲料、饲料添加剂对养殖动物、人体健康有害或者存在其他安全隐患的，应当立即停止生产，通知经营者、使用者，向饲料管理部门报告，主动召回产品，并记录召回和通知情况。召回的产品应当在饲料管理部门监督下予以无害化处理或者销毁。

饲料、饲料添加剂经营者发现其销售的饲料、饲料添加剂具有前款规定情形的，应当立即停止销售，通知生产企业、供货者和使用者，向饲料管理部门报告，并记录通知情况。

养殖者发现其使用的饲料、饲料添加剂具有本条第一款规定情形的，应当立即停止使用，通知供货者，并向饲料管理部门报告。

禁止规定

第二十九条 禁止生产、经营、使用未取得新饲料、新饲料添加剂证书的新饲料、新饲料添加剂以及禁用的饲料、饲料添加剂。

禁止经营、使用无产品标签、无生产许可证、无产品质量标准、无产品质量检验合格证的饲料、饲料添加剂。禁止经营、使用无产品批准文号的饲料添加剂、添加剂预混合饲料。禁止经营、使用未取得饲料、饲料添加剂进口登记证的进口饲料、进口饲料添加剂。

第三十条 禁止对饲料、饲料添加剂作具有预防或者治疗动物疾病作用的说明或者宣传。但是，饲料中添加药物饲料添加剂的，可以对所添加的药物饲料添加剂的作用加以说明。

监督检查

第三十一条 国务院农业行政主管部门和省、自治区、直辖市人民政府饲料管理部门应当按照职责权限对全国或者本行政区域饲料、饲料添加剂的质量安全状况进行监测，并根据监测情况发布饲料、饲料添加剂质量安全预警信息。

第三十四条 国务院农业行政主管部门和县级以上地方人民政府饲料管理部门在监督检查中可以采取下列措施：

（一）对饲料、饲料添加剂生产、经营、使用场所实施现场检查；

（二）查阅、复制有关合同、票据、账簿和其他相关资料；

（三）查封、扣押有证据证明用于违法生产饲料的饲料原料、单一饲料、饲料添加剂、药物饲料添加剂、添加剂预混合饲料，用于违法生产饲料添加剂的原料，用于违法生产饲料、饲料添加剂的工具、设施，违法生产、经营、使用的饲料、饲料添加剂；

（四）查封违法生产、经营饲料、饲料添加剂的场所。

法律责任

第三十八条 未取得生产许可证生产饲料、饲料添加剂的，由县级以上地方人民政府饲料管理部门责令停止生产，没收违法所得、违法生产的产品和用于违法生产饲料的饲料原料、单一饲料、饲料添加剂、药物饲料添加剂、添加剂预混合饲料以及用于违法生产饲料添加剂的原料，违法生产的产品货值金额不足1万元的，并处1万元以上5万元以下罚款，货值金额1万元以上的，并处货值金额5倍以上10倍以下罚款；情节严重的，没收其生产设备，生产企业的主要负责人和直接负责的主管人员10年内不得从事饲料、饲料添加剂生产、经营活动。

已经取得生产许可证，但不再具备本条例第十四条规定的条件而继续生产饲料、饲料添加剂的，由县级以上地方人民政府饲料管理部门责令停止生产、限期改正，并处1万元以上5万元以下罚款；逾期不改正的，由发证机关吊销生产许可证。

已经取得生产许可证，但未取得产品批准文号而生产饲料添加剂、添加剂预混合饲料的，由县级以上地方人民政府饲料管理部门责令停止生产，没收违法所得、违法生产的产品和用于违法生产饲料的饲料原料、单一饲料、饲料添加剂、药物饲料添加剂以及用于违法生产饲料添加剂的原料，限期补办产品批准文号，并处违法生产的产品货值金额1倍以上3倍以下罚款；情节严重的，由发证机关吊销生产许可证。

第三十九条 饲料、饲料添加剂生产企业有下列行为之一的，由县级以上地方人民政府饲料管理部门责令改正，没收违法所得、违法生产的产品和用于违法生产饲料的饲料原料、单一饲料、饲料添加剂、药物饲料添加剂、添加剂预混合饲料以及用于违法生产饲料添加剂的原料，违法生产的产品货值金额不足1万元的，并处1万元以上5万元以下罚款，货值金额1万元以上的，并处货值金额5倍以上10倍以下罚款；情节严重的，由发证机关吊销、撤销相关许可证明文件，生产企业的主要负责人和直接负责的主管人员10年内不得从事饲料、饲料添加剂生产、经营活动；构成犯罪的，依法追究刑事责任：

（一）使用限制使用的饲料原料、单一饲料、饲料添加剂、药物饲料添加剂、添加剂预混合饲料生产饲料，不遵守国务院农业行政主管部门的限制性规定的；

（二）使用国务院农业行政主管部门公布的饲料原料目录、饲料添加剂品种目录和药物饲料添加剂品种目录以外的物质生产饲料的；

（三）生产未取得新饲料、新饲料添加剂证书的新饲料、新饲料添加剂或者禁用的饲料、饲料添加剂的。

第四十条 饲料、饲料添加剂生产企业有下列行为之一的，由县级以上地方人民政府饲料管理部门责令改正，处1万元以上2万元以下罚款；拒不改正的，没收违法所得、违法生产的产品和用于违法生产饲料的饲料原料、单一饲料、饲料添加剂、药物饲料添加剂、添加剂预混合饲料以及用于违法生产饲料添加剂的原料，并处5万元以上10万元以下罚款；情节严重的，责令停止生产，可以由发证机关吊销、撤销相关许可证明文件：

（一）不按照国务院农业行政主管部门的规定和有关标准对采购的饲料原料、单一饲料、饲料添加剂、药物饲料添加剂、添加剂预混合饲料和用于饲料添加剂生产的原料进行查验或者检验的；

（二）饲料、饲料添加剂生产过程中不遵守国务院农业行政主管部门制定的饲料、饲料添加剂质量安全管理规范和饲料添加剂安全使用规范的；

（三）生产的饲料、饲料添加剂未经产品质量检验的。

第四十一条 饲料、饲料添加剂生产企业不依照本条例规定实行采购、生产、销售记录制度或者产品留样观察制度的，由县级以上地方人民政府饲料管理部门责令改正，处1万元以上2万元以下罚款；拒不改正的，没收违法所得、违法生产的产品和用于违法生产饲料的饲料原料、单一饲料、饲料添加剂、药物饲料添加剂、添加剂预混合饲料以及用于违法生产饲料添加剂的原料，处2万元以上5万元以下罚款，并可以由发证机关吊销、撤销相关许可证明文件。

饲料、饲料添加剂生产企业销售的饲料、饲料添加剂未附具产品质量检验合格证或者包装、标签不符合规定的，由县级以上地方人民政府饲料管理部门责令改正；情节严重的，没收违法所得和违法销售的产品，可以处违法销售的产品货值金额30%以下罚款。

第四十三条 饲料、饲料添加剂经营者有下列行为之一的，由县级人民政府饲料管理部门责令改正，没收违法所得和违法经营的产品，违法经营的产品货值金额不足1万元的，并处2000元以上2万元以下罚款，货值金额1万元以上的，并处货值金额2倍以上5倍以下罚款；情节严重的，责令停止经营，并通知工商行政管理部门，由工商行政管理部门吊销营业执照；构成犯罪的，依法追究刑事责任：

（一）对饲料、饲料添加剂进行再加工或者添加物质的；

（二）经营无产品标签、无生产许可证、无产品质量检验合格证的饲料、饲料添加剂的；

（三）经营无产品批准文号的饲料添加剂、添加剂预混合饲料的；

（四）经营用国务院农业行政主管部门公布的饲料原料目录、饲料添加剂品种目录和药物饲料添加剂品种目录以外的物质生产的饲料的；

（五）经营未取得新饲料、新饲料添加剂证书的新饲料、新饲料添加剂或者未取得饲料、饲料添加剂进口登记证的进口饲料、进口饲料添加剂以及禁用的饲料、饲料添加剂的。

第四十四条 饲料、饲料添加剂经营者有下列行为之一的，由县级人民政府饲料管理部门责令改正，没收违法所得和违法经营的产品，并处2000元以上1万元以下罚款：

（一）对饲料、饲料添加剂进行拆包、分装的；

（二）不依照本条例规定实行产品购销台账制度的；

（三）经营的饲料、饲料添加剂失效、霉变或者超过保质期的。

第四十六条 饲料、饲料添加剂生产企业、经营者有下列行为之一的，由县级以上地方人民政府饲料管理部门责令停止生产、经营，没收违法所得和违法生产、经营的产品，违法生产、经营的产品货值金额不足1万元的，并处2000元以上2万元以下罚款，货值金额1万元以上的，并处货值金额2倍以上5倍以下罚款；构成犯罪的，依法追究刑事责任：

（一）在生产、经营过程中，以非饲料、非饲料添加剂冒充饲料、饲料添加剂或者以此种饲料、饲料添加剂冒充他种饲料、饲料添加剂的；

（二）生产、经营无产品质量标准或者不符合产品质量标准的饲料、饲料添加剂的；

（三）生产、经营的饲料、饲料添加剂与标签标示的内容不一致的。

饲料、饲料添加剂生产企业有前款规定的行为，情节严重的，由发证机关吊销、撤销相关许可证明文件；饲料、饲料添加剂经营者有前款规定的行为，情节严重的，通知工商行政管理部门，由工商行政管理部门吊销营业执照。

参考文献

[1] 农业部产业政策与法规司.三农政策简明读本[M].北京:中国农业版社,2017.
[2] 何忠伟,曹睐.中国农业政策与法规[M].北京:中国财政经济出版社,2018.
[3] 朱利群.农业政策与法规[M].北京:中国农业出版社,2020.
[4] 周晖.现代农村政策法规[M].北京:中国农业科学技术出版社,2011.